特色课程建设丛书

丛书主编　杨四耕

陆　敏◎编著

# 让儿童生活在美的世界里

## 幼儿园全景美育的课程探索

华东师范大学出版社

·上海·

图书在版编目(CIP)数据

让儿童生活在美的世界里:幼儿园全景美育的课程探索/
陆敏编著. —上海:华东师范大学出版社,2022
(特色课程建设丛书)
ISBN 978 - 7 - 5760 - 3552 - 0

Ⅰ.①让… Ⅱ.①陆… Ⅲ.①美育-教学研究-学前教
育 Ⅳ.①G613

中国国家版本馆 CIP 数据核字(2023)第 016465 号

特色课程建设丛书

## 让儿童生活在美的世界里:幼儿园全景美育的课程探索

丛书主编　杨四耕
编　　著　陆　敏
责任编辑　刘　佳
项目与审读编辑　林青荻
责任校对　胡　静
装帧设计　卢晓红

出版发行　华东师范大学出版社
社　　址　上海市中山北路 3663 号　邮编 200062
网　　址　www.ecnupress.com.cn
电　　话　021 - 60821666　行政传真 021 - 62572105
客服电话　021 - 62865537　门市(邮购)电话 021 - 62869887
地　　址　上海市中山北路 3663 号华东师范大学校内先锋路口
网　　店　http://hdsdcbs.tmall.com

印 刷 者　上海锦佳印刷有限公司
开　　本　787 毫米×1092 毫米　1/16
印　　张　13.75
字　　数　232 千字
版　　次　2023 年 2 月第 1 版
印　　次　2023 年 2 月第 1 次
书　　号　ISBN 978 - 7 - 5760 - 3552 - 0
定　　价　44.00 元

出 版 人　王　焰

## 丛书总序　走向课程自觉

　　这是一个焦虑的时代，每一个人都忙忙碌碌；这是一个无坐标的时代，很多人都不知身处何方；这是一个看不见路的时代，大家都不知该如何去面对新的情境；这是一个感觉模糊的时代，对很多事我们缺乏了应有的自觉和反思。

　　面对这样一个时代，我们需要有起码的文化自觉。在费孝通先生看来，文化自觉是生活在一定文化历史圈子里的人对其文化有"自知之明"，并对其发展历程和未来有充分的认识。换言之，文化自觉就是文化的自我觉醒、自我反省和自我创建。

　　要提升学校课程品质，实现立德树人根本任务，文化自觉是不可或缺的。在我看来，课程领域的文化自觉就是课程自觉，它是人们基于对课程的理性认识，为着课程品质的提升而有清晰的目标意识和科学的路径观念，自觉参与课程变革实践的理性之思与理性之行。

　　课程自觉是一种有密度的自觉，它不是一个简单概念，而是一种思想、一种行动、一种文化，包含课程自知、课程自在、课程自为、课程自省以及课程自立等基本构成。推进特色课程建设，我们需要怎样的课程自觉呢？

　　1. 清晰的课程自知。课程自知是人们对特定课程情境的自觉理解，对课程理念和愿景的清晰判断，对课程内容和框架的基本认识，对课程实施路径和方位的整体把握。认识课程，认识自我，这不是一件容易的事。对一位校长来说，课程自知意味着对学校课程规划的整体理解，自觉研判学校文化与课程建构的关系、育人目标与课程架构的关系、资源调配与课程实施的关系；对一位教师来说，课程自知意味着对学科课程群建设的自觉思考，自觉跳出"课程即科目""课程即教学内容"等狭隘的课程观，建立与立德树人要求相适应的崭新课程观。

　　2. 透彻的课程自在。萨特说：存在先于本质。他曾将存在分为自在的存在和自为的存在，自在的存在是物体同其本身等同的存在，自为的存在是同意识一起扩展的存在。课程自觉需要深刻理解课程自在的文化，需要完整把握课程自在的处境，需要清晰认识课程变革的制度环境和现实可能，进而意识到哪些是可为的，哪些是不可为的；哪些是必须做的，哪些是可选择的；哪些是自己即可为的，哪些是需要制度支持的。

3. 积极的课程自为。按照萨特的观点，自为的存在是自我规定自己存在的。意识是自为的内在结构，自为的存在就是意识面对自我的在场。对课程变革而言，课程主体按照课程发展规律，通过自身的自觉行为和实践实现课程品质的提升，就是课程自为。课程自为意味着我们对课程自在的不满足，意味着我们开动脑筋思考课程变革的空间，意味着我们通过直面本己的课程实践培育新的课程文化，意味着我们在积极的卷入中推进课程深度变革。

4. 深刻的课程自省。课程自省即课程反思。杜威（1933）曾将反思解释为"思我所思（thinking about thinking）"，他鼓励专业人士审思每一个专业判断之下的潜在逻辑。课程变革是一种反思性实践，需要对实践进行反思，再将反思带到新的实践中去。反思性实践是一种主动且持续地审视理论、信念和假设的过程，它可以帮助我们在课程实践中更好地理解自我与他人，选择合适的方式应对可能的情境。课程反思是凌驾于思维之上的更高层次的反思。当你站在既定的框架里去检查这些规则的时候，是无法发现这些规则的问题的；如果你可以跳脱出来，不带评判和预设地去分析这些规则，其中的不妥之处就会被你看到。课程反思是一种能力，当你掌握了这项能力的时候，你就像"觉醒"了一样，一样的世界，你却会有不一样的"看法"。这就是哈贝马斯所谓的"沟通理性"概念，提升课程品质特别需要这样一种理性：反省、批判和论证。

5. 持守的课程自立。《礼记·儒行》："力行以待取。"每一个人只有在自己的行动中，才能发现自己，才能向世界宣布他具有怎样的价值。课程自立是一个人认识到课程变革是自己的事，要有自己的立场、自己的创见，自持自守，不为外力所动，不随波逐流，进而"回到粗糙的地面"（维特根斯坦语），自觉参与到课程变革中来。课程自立本质上是在课程自知、课程自在、课程自为以及课程自省的作用之下，依靠自己的自觉和力量对课程实践有所贡献，并在此过程中逐渐提升自己的课程能力和专业成熟度，确证自己的"课程人"地位，成为"自己的国王"。

当我们有了清晰的课程自知、透彻的课程自在、积极的课程自为、深刻的课程自省以及持守的课程自立的时候,我们便作为"有创见的主体"主动地介入到课程设计、实施、评价与管理的全过程之中了,学校课程深度变革便自然而然地发生了。

费孝通先生说:"文化自觉是一个艰巨的过程。"让课程意识从"睡眠状态""迷失状态"到"自觉状态",也是一个艰难而痛苦的过程。可喜的是,本套丛书的作者秉持课程自觉之精神,聚焦特色课程建设,在课程自知、课程自在、课程自为、课程自省和课程自立方面掘进,迎来了课程变革的新境界!

杨四耕

2020 年 7 月 3 日于上海市教育科学研究院

# 目录

## 第一章　看得见美的幼儿园 | 001

人世间没有音乐,将寂寞得有如太古,……人世间没有色彩,和没有音乐一样,甚且过之!……我们的双目能感到阳光所给予的各种色彩,这是人类生来就有的天赋。我们的双目一睁开,就要在各种色彩中过生活。

——钱君匋

## 第二章　美育课程的探索历程 | 011

美育者,应用美学之理论于教育,以陶养感情为目的者也。人生不外乎意志,人与人互相关系,莫大乎行为,故教育之目的,在使人人有适当之行为,即以德育为中心是也。顾欲求行为之适当,必有两方面之准备。一方面,计较利害,考察因果,以冷静之头脑判定之;凡保身卫国之德,属于此类,赖智育之助者也。又一方面,不顾祸福,不计生死,以热烈之感情奔赴之;凡与人同乐、舍己为群之德,属于此类,赖美育之助也。所以美育者,与智育相辅而行,以图德育之完成者也。

——蔡元培

# 第三章　美育课程的实施路径 | 0/7

孩子，是由一百种组成的。孩子有一百种语言，一百只手，一百个想法，一百种思考、游戏、说话的方式。一百种，总是一百种倾听、惊奇、爱的方式。一百种歌唱与了解的喜悦。一百种世界，等着孩子们去发掘。一百种世界，等着孩子们去创造。一百种世界，等着孩子们去梦想。

——罗里斯·马拉古齐

# 第四章　美育课程的评价探索 | 055

美教给人识别恶，并与之进行斗争。我想说，美是一种心灵的体操——它使我们的精神正直、良心纯洁、情感和信念端正。美是一面镜子，你在这面镜子里可以照见你自己，从而对自己采取这样或那样的态度。

——苏霍姆林斯基

# 第五章　美育课程的制度建构 Ⅰ 075

审美发展和道德发展是密切联系的。对于美的欣赏可以使人变得高尚起来。美能唤起人的善良感情,如同情心、忠诚、爱、温柔等。感情会在人的行为中成为一种积极作用的力量。

——赞科夫

# 第六章　美育课程的教师成长 Ⅰ 089

美育是学生全面发展的一个不可缺少的部分,它的本质在于理解自然和社会的美,理解人与人的相互关系的美,在于以艺术眼光米认识周围现实,也在于培养艺术上的美的创造力。

——凯洛夫

# 附录 "醇美课程"操作指南及评价指标 | 127

# 后记 | 200

# 序言

　　美育是关乎人生观的教育,美育无处不在。观察五彩缤纷的花朵是美育,对着漫天云海遐想是美育,品尝可口的饭菜是美育,伴着音乐踮起脚尖也是美育;美育可以是念一首优美的小诗,又或者只是把自己的鞋子摆放整齐。美育是点点滴滴地渗透、积累和发酵的过程,含蓄而充满力量。它时刻伴随在孩子的左右,又会在不经意间,通过孩子的言行展露出来。

　　有些人认为,美育就是艺术教育,我们要教会孩子唱歌、跳舞、画画等技能。其实不然,美育不是通过技能把孩子的篮子装满,而是通过启迪心灵为他们点亮一盏明灯。在往后漫长的岁月中,他们可能会在愉快时快乐地歌唱,可能会在失落时拿起画笔抒发情绪,也可能会在一个安静的晚上坐在沙发上阅读一本书。不是每个儿童都能成为优秀的艺术家,但是每个儿童都可以在艺术的熏陶下更好地生活。

　　德国著名的教育学家斯普朗格认为,教育的最终目的不是传授已有的东西,而是要把人的创造力量诱导出来,将生命感、价值感唤醒。[1] 美育即为唤醒儿童内在对真善美的追求,唤醒他们对生活的热爱。对儿童美的教育,在于潜移默化的熏陶,让他们沉醉在美的世界里。

　　"让儿童生活在美的世界里"是西街幼儿园的课程理念,作为一所具有百年园史的幼儿园,我们在幼儿美育教育上不断传承与发展。2010 年,虹口区西街幼儿园基于审美教育的探索出版了《儿童心灵的色彩——生活体验式幼儿审美教育的实践与研究》。该书共包括两个部分,第一部分从理论层面介绍了西幼对审美教育意义和价值的理解,第二部分从实践层面介绍了西幼在审美教育上取得的阶段性成果和收获。2015年 9 月国务院办公厅印发的《关于全面加强和改进学校美育工作的意见》明文要求,幼儿园美育要"通过开展多样的活动,培养幼儿拥有美好、善良的心灵,懂得珍惜美好事

---

[1] 赵祥麟. 外国教育家评传　第三卷[M]. 上海:上海教育出版社,1992:60—61.

物,能用自己的方式去表现美、创造美,使幼儿快乐生活、健康成长",再次明确了美育教育对幼儿身心发展的重要作用。

本书是在《儿童心灵的色彩——生活体验式幼儿审美教育的实践与研究》基础上推陈出新、与时俱进的产物。本书描绘了一个全景美育的课程探索历程,并展示了积淀的一些实践性成果。我园以《上海市学前教育纲要》《上海市学前教育课程指南》为基础和指导,同时融入"醇美教育"的理念,形成了美育课程的框架体系和丰富的课程内容,探索了横向联动、纵向贯通、斜向交织的课程实施路径。"醇美教育"是全维度的审美教育,西幼以课程为载体、以校园为环境,挖掘美的内在价值,将"美"融入一日活动四大板块、五大领域之中。本书还分享了我园对美育课程的评价、美育课程制度的建设和"醇美教师"的成长经验,为读者提供了一个完整的课程建设体系。本书是基于经验的汇总,读者可以在阅读的过程中,体会西幼审美教育一路走来的思考过程和解决方法。

在艺者眼中,一切都是美的,因为他锐利的慧眼,注视到一切众生万物之核心。希望本书能引发读者思考,让热爱美育的从业者们有所收获。

上海市虹口区西街幼儿园　陆敏

2022 年 9 月

# 前 言

虹口区西街幼儿园是一所具有百年园史的上海市示范园。我园深耕以审美教育为特色的课程构建,提出了共同性课程与特色课程整合的自主发展理念,走过了从生活体验式审美艺术课程到现今的"醇美教育"课程体系的发展道路。我们的目的是将美的教育融入儿童的心灵,让儿童生活在美的世界中,最终实现儿童的全面发展。我们将"醇美教育"之理念渗透于课程的五大领域,展开了全景式美育的实践与探索。

西街幼儿园以审美教育为特色的课程构建,提出了共同性课程与特色课程整合的自主发展理念,并且处处尽力彰显审美教育特色。回溯园本课程一路走来的几个关键时间轴:

**1. 点状课程阶段(2005—2010 年)**

2005 年,从"艺术"与"审美"角度,西街幼儿园努力构建了幼儿生活化审美艺术教育的课程。在这一阶段,我们主要聚焦艺术欣赏园本课程,从文学、美术、音乐三门最富有人性的学科出发进行"感知、体验、再现"教学三段式模式的探索。

**2. 线性课程阶段(2011—2015 年)**

2011 年,西街幼儿园形成艺术教育领域中一系列的园本课程资源,为每个年龄段幼儿设计了各自的单元活动方案。在书画类、古诗类、美术欣赏类、音乐欣赏类、项目体验活动类的审美教育特色课程群中进行了丰富多彩的活动设计。在这一阶段,我们完成了特色课程园本化内容丰富性及序列性的探索,形成了特色课程群。

**3. 巢状课程阶段(2016 年至今)**

自 2016 年起,西街幼儿园的特色课程进入了课程改革的攻坚阶段。艺术教育特色上升为全景美育,提出了"醇美教育"之哲学,建构幼儿园课程理念和课程框架的系统。基于教育哲学,我们确定我园的办园理念:施之以美,涵之以情。"让儿童生活在美的世界里"是我们的课程追求,是我们幼儿园课程建设的总体理念。我们追求幼儿完整的人格心理素质培养,我们期待:孩子们陶醉在美的世界里,不断生长和发展。

西街幼儿园具有丰富的文化底蕴，从传统文化中汲取力量，唤醒百年西幼人积累的育人经验，广延"美"的内涵，使之成为立德树人的突破点，使之成为育人的策略和过程。我园将"美的元素"融入课程体系中，以课程为载体、以校园为环境，挖掘美的内在价值；将"美"融入一日活动的四大板块、五大领域之中；以美育为核心融合其他各育，呈现出各具特点的美感，体现美的育人价值，注重"美"借助其他教育而形成的效果。"醇美德育"是直抵心灵的教育，以美来浸润心灵，运用自然界、社会生活、物质产品与精神产品中一切美的形式给人们以耳濡目染、潜移默化的教育，以达到美化人们心灵、行为、语言、体态，提高人们道德与智慧的目的，"究其心，育其美"。"醇美教师"具有"四雅"特质：雅言、雅观、雅量、雅趣。教师用儒雅的教风温润每一位幼儿，呵护每一个幼小心灵。"醇美教育"的一切活动皆寄于情，注重情感体验，产生审美感受。"醇美课堂"是多元化的艺术教育，利用并整合文学、美术、音乐这三门最富人性的学科领域，充分发掘幼儿的感性潜能，让幼儿感受民族文化和现代文化作品的美，会用艺术符号、生活符号加以表达，使幼儿的感性与理性得以统一。

西街幼儿园的美育课程在传承与创新的过程中，积淀了实践性成果。由先导性调研与建构性研究启航，进而开展实践性探索与提炼性思考，最终生成推广性研究与总结性成果。为提升"醇美课程"实施质量，我园优化完善了与"醇美课程"实施方案配套的教师操作指引。针对"醇美课程"五大领域，归纳幼儿关键发展表现，提炼教师支持性策略，形成"醇美课程"实践操作指引，使教师在实施"醇美课程"过程中的观察、回应、支持等方面有据可依，为教师的课程实施保驾护航。此外，我园还利用网络便笺将各项资源进行梳理，以"操作指引""活动室环境""幼儿成长故事""教师成长故事"等内容呈现，给予明确提示，展示各个资源所蕴含的价值以及在操作过程中需要注意的内容。我园还形成了比较成熟的可供参考的教学经验和操作性较强的方法途径，汇总了有一定价值的经典教案实例和相关素材。西幼课题组成员撰写了两本书籍《儿童心灵的色彩——生活体验式幼儿审美教育的实践与研究》《幼儿中国画教案——花鸟篇》，收集艺术欣赏课例 84 个、体验活动方案 76 份。将"基于案例分析的幼儿审美艺术欣赏培训课程"作为培训课程，对全区所有幼儿园教师进行培训，培训人次达到 300 余人。10 所幼儿园实践了西幼的审美课程，形成再构与整合，更好地引领幼儿发展、带动教师专业提升。

在全园教师卷入课程领导力项目的过程中，老师们的课程意识发生了转变与突破。从"课程文化唤醒"到"课程理念浸润",每位教师的学习能力有了质的飞跃。老师们通过西幼的"悦书社团",自主阅读《上海市学前教育课程指南》《幼儿园课程图景:课程实施方案编制指南》等书;借助阅读学习,课程领导力的理念逐渐在教师们的心中扎根。

在西幼"醇美课程"的大环境影响下,教师充分发挥主体价值,在逐步形成和全面落实幼儿园课程愿景和目标的过程中,主动思考并开展课程实践,发现和解决问题,推动幼儿园课程不断优化。以艺雅观,教师更具创新力;以传雅量,教师更具合作力;以研雅趣,教师更具研究力。

从生活体验式审美艺术课程到现今的"醇美教育"课程体系,西幼旨在将美的教育融入儿童的心灵,让儿童生活在美的世界中,最终实现儿童的全面发展。我们将美的教育作为一种培养孩子健全人格、适合未来社会发展要求的创造性的必要手段。关注儿童的需要,注重幼儿的年龄和认知特征,多方位地提高幼儿对美的感受力、欣赏力以及创造美的能力,是我们的宗旨。在美的探索中,西幼从未止步,我们将继续在实践和研究中完善美育课程,使美育课程在传承与创新中更遵循幼儿的发展,更具时代感和价值感。

上海市虹口区西街幼儿园　陆敏
2021 年 5 月

# 第一章

# 看得见美的幼儿园

人世间没有音乐,将寂寞得有如太古,……人世间没有色彩,和没有音乐一样,甚且过之!……我们的双目能感到阳光所给予的各种色彩,这是人类生来就有的天赋。我们的双目一睁开,就要在各种色彩中过生活。

——钱君匋

## 第一节

# 百年园史，美的基因

上海市虹口区西街幼儿园（以下简称"西幼"）又名钱君匋艺术幼儿园，坐落于繁华的四川北路上，是一所以幼儿审美教育为特色的上海市示范性幼儿园。西幼至今已有130年的园史，走过一个多世纪的风风雨雨，见证了中国幼儿教育发展的历史。

西幼创办于1893年，是法国天主教会一位修女为解决侨民子女求学问题而创办的善导女子中学附属幼儿班。1952年虹口区人民政府接管了这所私立幼儿园，并由一生奉献幼教事业、德高望重的孙绣君老师任第一任园长。1958年幼儿园更名为虹口区西街幼儿园。1994年经全体教工努力，西幼被评为上海市一级一类园。西幼多次获得市区三八红旗集体、文明单位等光荣称号。

为了弘扬中华民族传统艺术，西幼于1995年5月18日经虹口区教育局挂牌为钱君匋艺术幼儿园。从此，西幼开始了书法、国画等传统艺术文化的教育教学实践与研究。1997年至1999年幼儿园与华东师范大学国画大师开展了课题实践研究，论文《幼儿园中国画可数符号教学研究》被评为虹口区中小学、幼儿园教学论文一等奖。2003年西幼确立了市级课题"生活体验式幼儿审美教育的实践与研究"，努力构建幼儿园审美教育的特色课程。

2004年，西幼在虹口区人民政府和教育局领导的支持下，对园舍进行了重建，改建后的古朴典雅的园舍外貌与幼儿园的审美艺术教育课程相得益彰，浓郁的传统文化气息使每一个西幼的孩子驰骋在艺术的享受和创想中。为深化幼儿艺术教育培养，幼儿园配有书画室、舞蹈室、儿童剧场、阅读馆、室内运动馆、结构馆等，为幼儿的全面发展提供了良好的文化艺术环境。"究其心，育其美"，西幼教师以美育人，教师人人投入审美教育探索活动，师幼共建审美教育活动，使园本化课程逐渐成熟。西幼于2006年被评为虹口区具有特色的示范性幼儿园，2009年又被评为上海市示范幼儿园，西幼至此登上了一个历史性的新台阶，进入了一个发展的新纪元。

西幼既传承了幼儿教育的优良传统，又吸收了现代教育的理念，以艺术启蒙教育为品牌,赢得了家长的认可。西幼以"施之以美,涵之以情"为办园理念,以高起点、高标准、高质量来确定其发展方向。在培养幼儿德、智、体、美、劳的全面和谐发展的基础上,提出了幼儿审美教育宗旨是培养完整型的人才。西幼以艺术审美、艺术创美活动为核心,致力于培养个性健康活泼的幼儿;坚持"以管理要质量,靠科研创特色"的办园方针,使全园各部门的工作始终保持在良性运行的轨道上。

此外,西幼有一支富有创新和进取精神、稳定优良的师资队伍,她们不但学历高,而且各有特长。在良好的校园文化的熏陶下,她们爱岗敬业,始终站在学前教育的前沿,跟随教改的步伐,继续实践和研究着她们的幼儿审美教育的课程……

西幼致力于将幼儿园打造成儿童游戏的乐园,儿童艺术发展的摇篮。百年园史的教育文化积淀和成功的教学经验,也让西幼不断厚植美的基因。

## 第二节

## 园正青春，美的追求

历经百年,西幼仍是少年。我园遵循钱君匋老先生"艺术来源于社会生活"的教育思想,在过去的 16 年里,深耕以审美教育为特色的课程构建,提出了共同性课程与特色课程整合的自主发展理念,历经 3 个跨越式发展阶段(见图 1-1),走过了从生活体验式审美艺术课程到现今的"醇美教育"特色课程体系的发展道路,旨在将美的教育融入儿童的心灵,让儿童生活在美的世界中,最终实现儿童的全面发展。

2005 年,我园确立了以审美艺术教育为核心的课程构建,提出了一条整合的自主发展理念,办学过程中抓住艺术教育的本质——审美。我园审美教育对特色课程的设计遵循"艺术回归生活,审美注重体验"的原则,从"艺术"与"审美"角度,努力地构建了幼儿生活化审美艺术教育的课程体系,并在此基础上初步形成具有我园特色的审美艺术教育运行机制。在这一阶段,我们主要聚焦艺术欣赏的特色园本课程,从文学、美术、音乐这三门最富有人性的学科出发进行"感知、体验、再现"教学三段式模式的探

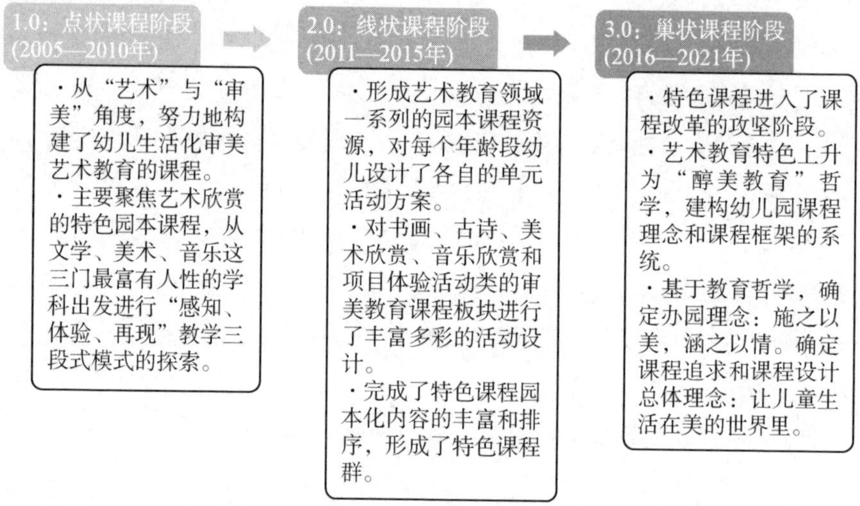

| 1.0：点状课程阶段<br>(2005—2010年) | 2.0：线状课程阶段<br>(2011—2015年) | 3.0：巢状课程阶段<br>(2016—2021年) |
|---|---|---|
| ·从"艺术"与"审美"角度，努力地构建了幼儿生活化审美艺术教育的课程。<br>·主要聚焦艺术欣赏的特色园本课程，从文学、美术、音乐这三门最富有人性的学科出发进行"感知、体验、再现"教学三段式模式的探索。 | ·形成艺术教育领域一系列的园本课程资源，对每个年龄段幼儿设计了各自的单元活动方案。<br>·对书画、古诗、美术欣赏、音乐欣赏和项目体验活动类的审美教育课程板块进行了丰富多彩的活动设计。<br>·完成了特色课程园本化内容的丰富和排序，形成了特色课程群。 | ·特色课程进入了课程改革的攻坚阶段。<br>·艺术教育特色上升为"醇美教育"哲学，建构幼儿园课程理念和课程框架的系统。<br>·基于教育哲学，确定办园理念：施之以美，涵之以情。确定课程追求和课程设计总体理念：让儿童生活在美的世界里。 |

图 1-1　西街幼儿园美育课程发展阶段

索。在课程 1.0 阶段，我们完成了特色活动教学模式的探索。

2011 年，我园形成了艺术教育领域一系列的园本课程资源，对每个年龄段幼儿设计了各自的单元活动方案。根据每个年龄段幼儿的发展特点，在书画类、古诗类、美术欣赏类、音乐欣赏类、项目体验活动类的审美教育课程板块里，针对艺术、社会、语言、科学、健康等领域进行了丰富多彩的活动设计，并且记录下活动建议。在课程的 2.0 阶段，我们完成了特色课程园本化内容丰富性及序列性的探索。

幼儿园美育园本课程需要与时俱进地更新，才能够持续焕发出光彩。鉴于过去特色课程"重活动、轻模式"及"内容序列丰富，欠缺顶层设计"等问题，2016 年，我园提出对原有美育特色课程实施方案进行一系列优化，我们将艺术教育特色上升为"醇美教育"哲学，在"醇美教育"的现代化理念下对幼儿培养目标细化、对课程内容与设置优化、对课程资源盘整、对课程评价与课程管理的精进模式等整体架构方面进行了进一步的探索。在 3.0 阶段我们进入了课程改革的攻坚阶段。

西幼在幼儿园课程设计及实施过程中一直思考的问题是：孩子需要什么？怎样的学习方式是孩子最喜欢的？我们的回应是"教育，一切要从倾听幼儿需要开始"。因此，在西幼美育课程发展的最初阶段，我们以尊重幼儿为价值引领，构建生活体验式幼儿审美艺术教育的特色课程。这里的生活体验式审美教育有两层含义。其一，是把在幼儿园的一日生活当作整体的课程来对待,充分发挥一日生活的整体的教育作用。一日生活各个环节之间相互联系,教学、游戏和日常生活相互渗透。其二,是指充分关注幼儿的整个生活,选取有利于其成长和发展的审美教育课程内容和活动形式,注重生活情境的课程环境创设;将知识还原到生活情境中,还原到艺术主题活动中,发展情感和相应的能力。基于生活体验式审美艺术教育课程,我们希望幼儿能在玩中学、学中思,"感知生活乐趣""体验艺术情趣""创造自由想象",帮助幼儿学会以主动学习为基本价值取向,以系列关键经验为主要学习内容,旨在让孩子们对周围的自然与社会具有高度热情和广泛兴趣,使每一个西幼的孩子驰骋在艺术的享受和创想中。

历经实践探索,我们在原有的生活体验式审美艺术教育课程的基础上提出了"醇美教育"。"醇美"一词有三种释意:一为"纯正,甜美";二为"纯粹完美";三为"淳朴美好"。我们探索的"醇美"着意于以课程目标醇厚、课程内容醇味、教学过程实施注重醇真、教学组织形式蕴含醇香、课程生态建构面向醇和为特色的完美审美体验。我们所追求的"醇美教育"是全维度的审美教育,是以美来浸润心灵,是运用自然界、社会生活、物质产品与精神产品中一切美的形式给人们以耳濡目染、潜移默化的教育,以美的手段培育美的人的教育。从某种程度来看,西幼"醇美教育"的基本理念是原有审美艺术教育的延续:二者都将美的教育作为一种培养孩子健全人格、适合未来社会发展要求的创造性的必要手段。在美育过程中,二者均关注儿童的需要,以儿童的发展为中心,注重幼儿的年龄和认知特征,多方位地提高幼儿对美的感受力与欣赏力,以及创造美的能力。

## 一、办园理念

我园的教育哲学是"醇美教育"。所谓"醇美教育"就是全面的、深度的审美教育,就是以美的手段培育美的人的教育。"醇美教育"是我园的教育价值观和内涵发展方法论,是我园推进素质教育的个性化实践探索。

"醇美教育"是充满大爱精神的情感教育。爱是审美教育的情感内核。西幼的"醇美教师"具有"四雅"特质:雅言、雅观、雅量、雅趣。教师用儒雅的教风温润每一位幼儿,呵护每一个幼小心灵。"醇美教育"的一切活动皆寄于情,注重情感体验,产生审美感受。

"醇美教育"是全维度的审美教育。"美的元素"融入课程体系中，以课程为载体、以校园为环境，挖掘美的内在价值。将"美"融入一日活动的四大板块、五大领域之中。以美育为核心融合其他各育，呈现出各具特点的美感，体现美的育人价值，更注重"美"借助其他教育而形成的效果。其本质是走向素质教育的内在重构。

"醇美教育"是直抵心灵的教育。以美来浸润心灵，是运用自然界、社会生活、物质产品与精神产品中一切美的形式给人们以耳濡目染、潜移默化的教育，以达到美化人们心灵、行为、语言、体态，提高人们道德与智慧的目的，"究其心，育其美"。

"醇美教育"是多元化的艺术教育。让幼儿感受民族文化和现代文化作品的美，感受民族文化的美，感受中国古代诗画的美。利用并整合文学、美术、音乐等最富人性的学科领域，充分发掘幼儿感性潜能，使幼儿的感性世界无比丰富，会用艺术符号、生活符号加以表达，使幼儿的感性与理性得以统一。

在课程实施过程中，我们将目光聚焦于幼儿身上，探究幼儿发展的心理规律，挖掘其本身已有的美；同时了解幼儿的兴趣和需求，施以美育，帮助他们拓展其他方面的美，从而涵养其性情，完善其人格，全面均衡发展。基于上述教育哲学，我们确定我园的办园理念：施之以美，涵之以情。我们的教育信念使我们坚信，美育是教育的最高形态；我们坚信，幼儿园是与美相遇的地方；我们坚信，每一个孩子都是美的使者；我们坚信，教师是美的传播者和代言人；我们坚信，施之以美、涵之以情是教育最美的姿态；我们坚信，让儿童生活在美的世界里是教育的神圣使命。

## 二、课程理念

我园的课程理念是：让儿童生活在美的世界里。这一课程理念的具体内涵是：

课程即日常生活。生活即课程，日常生活是课程的重要组成部分。对生活的发现，对生活的感受，源于课程发生之前的积累。给予儿童怎样的生活，就是给予儿童怎样的教育。生活融入课程，课程服务于生活，儿童领略生活的乐趣，提升生活的品质，是课程即日常生活的魅力和归旨。我园"醇美教育"课程体系的设计遵循"艺术回归生活，审美注重体验"的原则，创设生活体验式的审美环境，让儿童陶醉于其中。

课程即生命场景。课程是立体的，是场景化的，不是平面的知识。作为独特的生命个体，每一个儿童的世界都是场景化的、情景化的、游戏化的。教育的本质是为了提高生命的质量。课程要有生命意识,要彰显生命的立场。"醇美教育"课程体系的本质是不断接近的生命关怀,是行走的人文风景,让每一个儿童有醇美的课程经历。

课程即儿童世界。儿童世界是纯粹的世界、纯真的世界。课程即儿童在这个世界里交往、生活、游戏,感受纯粹的美,养成健康的审美情趣。以"美"为境界,以"情"为纽带,以"世界"为源泉,促进儿童世界的和谐完美。课程就是为了儿童的生长与发展。

课程即美好情愫。课程总是美好的东西,凡是假、恶、丑的东西都不能成为儿童的课程。让儿童与美相遇是课程的取向和价值。通过审美实现人心净化,达到真、善、美统一的人格理想。我们提出了"究其心,育其美"的教育理念。究,有推求、追查之意,也有极、到底之意。美,"善、好",可指美好的事物、性格、品质、特点。"究其心,育其美"寓意为,我们要探究事物本身的规律,并采取合适的方法使其达到至善至美的状态。

总之,让儿童生活在美的世界里,是我们的课程追求,是我们幼儿园课程建设的总体理念。因此,我们将幼儿园的课程模式定位为"醉儿童"。我们期待,孩子们陶醉在美的世界里,不断生长和发展。

## 三、育人目标与课程目标

我园的育人目标是:培养"爱运动、有自信,爱交往、有礼貌,爱艺术、有情趣,爱探究、有梦想"的儿童。

**爱运动 有自信** 幼儿在各种纯正的体育艺术环境渲染中,感受韵律美、节奏美、力量美,合乎其运动与节律的天性。幼儿学会在韵律中,挑战自己的身体动作能力,协调发展运动艺术表现,具有健康的体态。幼儿在和同伴互动中尝试小组合作,研究学习运动表演的方式方法,逐步建立自信。

**爱交往 有礼貌** 幼儿体验沟通、合作的各种方法和过程中的快乐情绪。幼儿学会善于发现生活中的真、善、美,体验人与人之间的关爱、互助与和谐。幼儿养成纯正、良好的语言表达能力和语言表现能力。

**爱艺术 有情趣** 在纯粹美好的"醇美环境"中,幼儿能对多元文化产生兴趣,并体验创作的快乐。幼儿能认识多种操作工具,具有不同创造思维、大胆艺术表现。幼儿能发现问题、探究问题,欣赏艺术作品时会产生相应的联想和情绪反应。

**爱探究  有梦想**  在纯正且富有探究之美的环境中,幼儿对探究材料感兴趣并乐于探索发现,在投入探究和持续体验中获得成长的快乐。幼儿学会运用多种方法认识周围事物的规律,具备正确观察与解释现象的能力。在活动中,幼儿能和同伴交流合作,适度竞争,共同探索。

上述育人目标,在小班、中班和大班的具体要求和表现见表1-1。

表1-1    西街幼儿园课程目标表

| | 爱运动  有自信 | 爱交往  有礼貌 | 爱艺术  有情趣 | 爱探究  有梦想 |
|---|---|---|---|---|
| 小班 | 1. 具有健康的体态,身高体重适宜。<br>2. 能沿直线走一段距离;双脚灵活交替上下楼梯;能身体平稳地连续向前跳;分散跑能躲避碰撞;能双手向上抛球。<br>3. 能双手悬空吊起10秒;单手将沙包投掷2米;单脚连续跳2米;快跑15米;行走1千米。 | 1. 能注意倾听别人对自己说的话;能听懂日常对话。<br>2. 愿意在熟悉的人面前说话,能大方打招呼;愿意表达自己的需要和想法,口齿清楚地说儿歌、童谣或复述简短故事。<br>3. 与别人讲话能眼睛看对方,说话自然声音适中;能在成人提醒下用恰当的礼貌用语。<br>4. 愿意和小朋友一起游戏,与熟悉的长辈一起活动。<br>5. 想加入同伴游戏,能友好地提出请求;不争抢、不独霸玩具;与同伴冲突能听从劝解。 | 1. 喜欢观看花草树木、日月星空等大自然中美的事物;容易被自然界中的鸟鸣、风声、雨声等好听的声音所吸引。<br>2. 喜欢听音乐或观看舞蹈、戏剧表演;乐于观看绘画、泥塑或其他艺术形式的作品。<br>3. 经常自哼自唱或模仿有趣的动作、表情和声调;经常涂涂画画、粘粘贴贴并乐在其中。 | 1. 喜欢接触大自然,对周围事物感兴趣;经常提各种问题。<br>2. 对感兴趣的事物仔细观察,发现明显特征;运用多种感官活动探索物体,关注动作所产生的结果。<br>3. 认识常见动植物,注意动植物是多种多样的;感知发现材料的软硬,感知和体验天气对自己及生活和活动的影响;初步了解和体会动植物和人们的关系。 |

续表

| | 爱运动　有自信 | 爱交往　有礼貌 | 爱艺术　有情趣 | 爱探究　有梦想 |
|---|---|---|---|---|
| 中班 | 1. 具有健康的体态,身高体重适宜。<br>2. 能在低矮物体上平稳走一段距离;能以匍匐、膝盖悬空等多种方式钻爬;能助跑跳;能玩躲闪跑游戏;能自抛自接球。<br>3. 能双手悬空吊起15秒;单手将沙包投掷 4 米;单脚连续跳 5 米;快跑20米;行走 1.5 千米。 | 1. 能在群体中有意识听与自己有关的信息;能结合情境感受不同的语气、语调所表达的意思;听懂普通话。<br>2. 愿意与他人交谈,喜欢谈论自己感兴趣的话题;能基本完整讲述所见所闻,讲述连贯。<br>3. 别人对自己讲话能回应;能根据场合调节说话的声音;主动使用礼貌用语。<br>4. 有固定的小伙伴,喜欢和长辈交谈。<br>5. 会用介绍自己、交换玩具等简单技巧加入同伴游戏;对大家喜欢的东西能轮流分享;与同伴冲突能和平解决;愿意接受小伙伴的建议,不欺负弱小。 | 1. 在欣赏自然界和生活环境中美的事物时,关注色彩、形态特征;喜欢倾听各种好听的声音,感知声音的高低、长短、强弱的变化。<br>2. 能专心地观看自己喜欢的文艺演出或艺术品,有模仿和参与的愿望;欣赏艺术作品时会产生相应的联想和情绪反应。<br>3. 经常唱唱跳跳,愿意参加歌唱、律动、舞蹈、表演等活动,经常用绘画、捏泥、手工制作等多种方式表现自己的所见所想。 | 1. 喜欢接触新事物,经常问问题;常动脑筋探索物体和材料,乐在其中。<br>2. 能对事物或现象进行观察比较,发现相同和不同;根据观察结果提出问题,大胆猜测答案;通过简单的调查收集信息;用图画或符号记录。<br>3. 能感知和发现动植物的生长变化和基本条件;感知发现常见材料的溶解、传热等性质或用途;感知发现简单物理现象;感知和发现季节特点,体验季节对动植物和人的影响;初步感知常用科技产品与生活的关系,知道科技产品有利有弊。 |
| 大班 | 1. 具有健康的体态,身高体重适宜。<br>2. 能在斜坡、荡桥上平稳行走;手脚并用攀爬;连续跳 | 1. 在集体中能注意听老师和其他人讲话;听不懂主动提问;结合情境理解复杂句子。 | 1. 乐于收集美的物品或向别人介绍所发现的美的事物;乐于模仿自然界和生活环境中有特点 | 1. 对自己感兴趣的问题刨根为底;动脑筋寻找问题的答案;探索中有所发现时感到满足。 |

| 爱运动　有自信 | 爱交往　有礼貌 | 爱艺术　有情趣 | 爱探究　有梦想 |
|---|---|---|---|
| 绳；躲避他人滚过来的沙包；连续拍球。<br>3. 能双手悬空吊起20秒；单手将沙包投掷5米；单脚连续跳8米；快跑25米；行走1.5千米。 | 2. 愿意与他人讨论问题，敢在众人面前说话；能有序、连贯、清楚地表述一件事情；讲述时能用形容词等。<br>3. 别人讲话能积极主动回应；能根据说话对象调整说话语气；懂得按次序轮流讲话，不打断别人说话；别人难过时能用恰当的语言安慰。<br>4. 有自己的朋友并愿意结交新朋友，愿意分享趣事。<br>5. 能想办法吸引同伴来玩游戏；活动中能与同伴分工合作，遇到困难一起克服；冲突时能商量解决；能倾听接受别人的意见，不欺负别人也不允许别人欺负自己。 | 的声音，并产生相应的联想。<br>2. 艺术欣赏时常常用表情、动作、语言等方式表达自己的理解；愿意与别人分享、交流自己喜爱的艺术作品和美感体验。<br>3. 积极参与艺术活动，有自己比较喜欢的活动形式；能用多种工具、材料或表现手法表达自己的感受和想象；艺术活动中能与他人相互配合，也能独立表现。 | 2. 通过观察、比较和分析，发现并能描述不同物体的特征或某个事物前后的变化；用一定的方法验证自己的猜测；在成人帮助下制定调查计划并执行；会用符号记录；探究中与他人合作交流。<br>3. 觉察到动植物的外形特征、习性与生存环境的适应关系；发现常见物体的结构与功能之间的关系；探索发现物体的结构与功能之间的关系；探索发现常见物理现象产生的条件；感知了解季节变化的特点，知道变化的顺序；初步了解人们的生活与自然环境的密切关系，知道珍惜生命、保护环境。 |

# 第二章

# 美育课程的探索历程

美育者,应用美学之理论于教育,以陶养感情为目的者也。人生不外乎意志,人与人互相关系,莫大乎行为,故教育之目的,在使人人有适当之行为,即以德育为中心是也。顾欲求行为之适当,必有两方面之准备。一方面,计较利害,考察因果,以冷静之头脑判定之;凡保身卫国之德,属于此类,赖智育之助者也。又一方面,不顾祸福,不计生死,以热烈之感情奔赴之;凡与人同乐、舍己为群之德,属于此类,赖美育之助也。所以美育者,与智育相辅而行,以图德育之完成者也。

——蔡元培

# 第 一 节

## 幼 儿 艺 术 欣 赏 活 动

美是美学范畴的,是对能引起人们美感的客观事物共同本质属性的抽象概括,是人们审美对象的事物总和。艺术是美的存在形式之一,从理论上说,是所有美的形态中最精彩、最辉煌、最动人心魄的感性形式。艺术欣赏就是对艺术品的审美特征进行审辨、感受、体验、判断、评价和能动创造。幼儿喜欢艺术,为什么儿童普遍喜欢鲜艳的色彩、明快的音乐节奏、描述动态变化的语言材料? 因为它们都是一种能够激发和感染儿童情绪情感的感性形象。

学前期的艺术欣赏能够为塑造完满型人格打下基础,能够有助于一般智慧和创造力的发展,能够帮助儿童发展艺术兴趣和艺术天赋。一方面是因为神经系统对美和艺术现象的适应性和可塑性;另一方面,也因为儿童早期主要依赖右脑加工外部信息的特点,与艺术家的加工特点有许多相似之处。

我园的艺术欣赏活动传承我园书画特色,通过书画古诗活动,让孩子感受民族文化的美,感受中国古代诗画的美。利用文学、美术、音乐这三门最富人性的学科领域,传递民族文化和现代文化作品的美,用同构原理努力给予整合。设计审美教育内容活动方案,以"感知—体验—再现"的三段递进式模式(见图2-1),进行实践与分析,形成了"分领域,重整合"的实践经验。充分挖掘幼儿情感潜能,使幼儿的情感世界无比丰富,能用艺术符号、生活符号加以表达,使幼儿的感性与理性得以统一,让大师的作品也能走进童心世界。以幼儿的视觉空间智能去理解,开发幼儿的潜能,使幼儿体验审美情趣,让孩子们得到的不仅仅是审美体验,更是综合能力提高。

西幼的艺术欣赏活动课程,以帮助儿童会主动学习为基本价值取向,以系列关键经验为主要学习内容,以计划、行动和反思的活动为基本组织形式,旨在让孩子们对周围的自然与社会具有高度热情和广泛兴趣。我们的实施课程途径思路,是立足于本园教师现状和幼儿发展的需要,以课题引领来构建艺术欣赏活动课程。

审美教育的形式多样,幼儿在艺术欣赏活动中,不断地感受美、探求美、理解美和

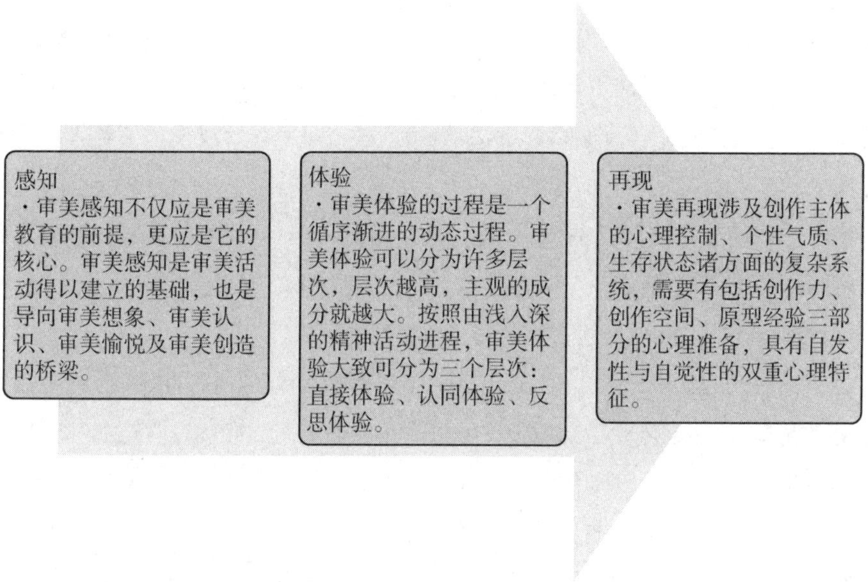

感知
· 审美感知不仅应是审美教育的前提,更应是它的核心。审美感知是审美活动得以建立的基础,也是导向审美想象、审美认识、审美愉悦及审美创造的桥梁。

体验
· 审美体验的过程是一个循序渐进的动态过程。审美体验可以分为许多层次,层次越高,主观的成分就越大。按照由浅入深的精神活动进程,审美体验大致可分为三个层次:直接体验、认同体验、反思体验。

再现
· 审美再现涉及创作主体的心理控制、个性气质、生存状态诸方面的复杂系统,需要有包括创作力、创作空间、原型经验三部分的心理准备,具有自发性与自觉性的双重心理特征。

图 2-1  西街幼儿园"感知—体验—再现"的三段递进式模式

表现美,从而激发他们对审美愉快情绪的体验。对孩子而言,只有亲眼所见、亲身所感,才能激发他们对作品的进一步理解;在充分理解作品的基础上,他们才能再次创作属于自己的作品。在集体教学活动和个别化学习活动互动推进中,培养孩子们敏锐的感知能力,发展他们丰富的审美想象,使他们产生愉快的审美情趣。

# 第二节

## 走向艺术审美特色课程

幼儿园课程的自主化、多元化是近年来幼儿园课程改革的一个方向。我园本着"原则规范、方向引领"的指导思想,结合本园的实际,创造性地、适宜地将基础课程与特色课程有机融合。2011 年以来，西幼以尊重幼儿为价值引领，构建生活体验式幼儿审美艺术教育的特色课程，完成了特色课程园本化内容丰富性及序列性的探索，形成了特色课程群。在书画类、古诗类、美术欣赏类、音乐欣赏类、项目体验活动类的审美教育特色课程群中进行了丰富多彩的活动设计，并对每个年龄段设计了各自的单元活动方案。

我园将活动分为四大板块，分别为生活体验、艺术体验、科常体验、运动体验；共有 19 个活动室；有 34 个活动内容，如"妈妈的小帮手、小小书画家、视听小天地、科常 DIY、思维小天地、生活小天地、美工小天地、时尚设计馆"等。

我园从幼儿的学习特点出发，研磨体验活动课程实施的内容和途径，通过观察及时地更新与调整，保证体验活动质量。经过大小教研组上下联动，连续三轮研磨，梳理课程内容选择中的问题；互动激励、交流切磋、合作分享、共同发展，完善体验活动课程。

在实施课程的过程中，我们充分发挥幼儿的主体性，结合幼儿的生活经验，有效推动课程实施。教师立足于和幼儿之间的对话，将幼儿的兴趣热点作为课程实施更新与调整的要素之一。从生活中来，到生活中展开，在生活中生成。

## 案　例

在生活体验活动中，"妈妈的小帮手"深受孩子们喜爱。幼儿在活动中尝试动手制作各种中国小吃（馄饨、汤圆、水饺）。几次尝试下来，感觉孩子只是浅尝辄止，缺乏自主探索的过程。教师将活动方案进行了调整，从一开始制作多种小吃，调整为制作一种小吃——饺子，让孩子探索饺子如何从面粉变成餐桌上的水饺。和面、擀皮、拌馅、包饺子，一系列过程都让孩子自己尝试。幼儿扮演"小厨师"角色，一起观察食材、观看视频，和老师、同伴说说议议饺子的制作过程。孩子可以根据自己的能力与兴趣，选择某一流程或几个流程：能力强的幼儿可以挑战制作的全过程；能力弱的幼儿努力尝试，积极参与，寻找解决问题的方法。孩子记录自己所获取的信息，感受同伴合作、自主探索的乐趣，体验劳动成果带来的快乐。

尊重幼儿在直觉行动中学习的特点，才能让幼儿感受快乐的课程体验过程。在多年的课程实施中,我们关注每一位幼儿。教师对教育行为的反思、对教育策略的思考,实质都是对儿童的解读。学会倾听、鼓励、等待、认同,才能让幼儿成为课程的主体,让幼儿园变成孩子最喜欢的乐园。

## 第三节

# 全景美育的实践探索

2016 年起,西幼的特色课程进入了课程改革的攻坚阶段。我园提出了"醇美教育"的概念,为追求幼儿完整的人格心理素质培养,让孩子们陶醉在美的世界里不断生长和发展,我们建构了基于"醇美教育"的幼儿园课程理念和课程框架系统。

美的本质是一种主观感受,美是一种能够唤起人们美感的客观事物的共同的本质属性。基于美的本质特点,我园从生活美、艺术美、自然美、社会美等美的基本形态出发,构建特色美育课程,让儿童能沉浸和生活于美的世界中。美是具体事物的组成部分,我们以课程为载体,构建培养儿童美感的支架平台,使儿童能够从具体的生活情境、生命场景、艺术创作、自然环境、美好价值等方面获得对美的感触和理解,在接触这些美的事物时受其作用、影响和刺激产生愉悦、快乐、满足等美好的感觉,真正认识到有别于"丑"的抽象感受和情愫。让儿童生活在充满美的世界中,在美的世界中真正感受美、认识美、经历美、理解美、认同美。

我园在"醇美教育"融入一日活动的进程中,积极主动地了解一线教师在课程实施中的困惑,调整课程实施方案,收集、汇总一线教师在课程实施中的经验、资源,不断充实课程内容、资源库,使课程在动态的过程中不断完善、优化。同时,给教师留有充分的自主空间与时间,发挥教师在课程实施中的优势和经验,使课程更具有地域特色,满足本园幼儿的发展需求。我园在大力拓展"醇美教育"特色的同时,也将"醇美课程"与二期课改的共同性课程融为一体,真正落实"全面＋特色"课程远景,自此我园开启了全景美育的发展阶段。

# 第三章

# 美育课程的实施路径

　　孩子,是由一百种组成的。孩子有一百种语言,一百只手,一百个想法,一百种思考、游戏、说话的方式。一百种,总是一百种倾听、惊奇、爱的方式。一百种歌唱与了解的喜悦。一百种世界,等着孩子们去发掘。一百种世界,等着孩子们去创造。一百种世界,等着孩子们去梦想。

——罗里斯·马拉古齐

课程目标的实现，是需要严密的课程框架予以支持的。以《上海市学前教育纲要》《上海市学前教育课程指南》为基础和指导，同时融入"醇美教育"的理念，我园形成了西幼美育课程的框架体系以及丰富的课程内容（见图3-1）。

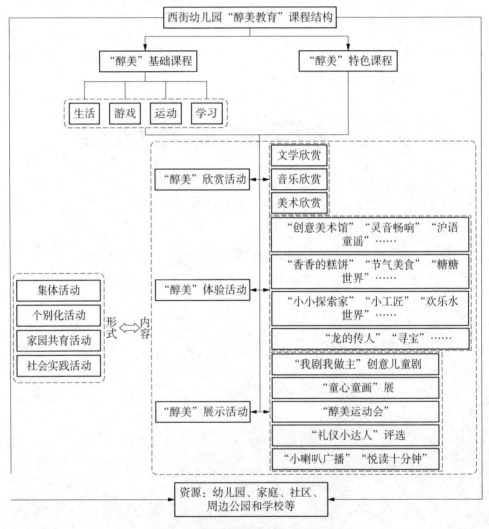

图3-1 西街幼儿园美育课程结构图

在系统构建美育课程体系的基础上,我园探索了行之有效的美育课程实施路径(见图3-2):横向联动、纵向贯通、斜向交织,提供全方位、结构化的学习场域;连通物理空间,打破班级的壁垒,年级联动,发挥空间功能最大化;兴趣相同的幼儿自主选择、自由结伴、自发探究,满足幼儿个性化发展。

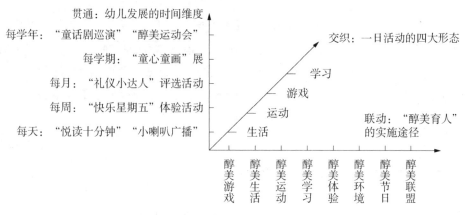

图3-2 西街幼儿园美育课程实施路径图

## 第一节

## 联动:"醇美育人"的实施途径

横向联动,体现在优质落实"醇美育人"的八大途径。(1)"醇美游戏":更注重让游戏玩出艺术,培育幼儿发现美和感受美的审美情趣;主要内容是表演游戏"创意儿童剧"以及自制玩教具的开发和设计。(2)"醇美生活":从打造"醇美环境"、重视"醇美生活"习惯和追求"醇美生活"态度三个层面出发,将课程实施贯穿于儿童生活,真正体现在美中生活、在生活中学习。(3)"醇美运动":将"醇美教育"特色与运动板块相融合,在促进幼儿健康发展的过程中实现"醇美教育",让孩子在投入运动和体验运动之美的过程中收获成长。(4)"醇美学习"：包括"醇美"主题课程、"醇美"艺术欣赏、"醇美"书画古诗教育三部分内容；以"醇美"主题课程为例，"醇美文化"的元素渗透一日活动，集体活动和个别化学习注重"醇美教育"内容的开展。(5)"醇美体验"：以"帮助儿童会主动学习"为价值取向，以系列关键经验为学习内容，以计划、行动和反思的活动为基本组织形式，旨在让孩子们对周围的自然与社会具有高度热情和广泛兴趣。(6)"醇美环境"：创设生活体验式的审美环境，利用多种感官元素引发审美情趣。(7)"醇美节日"：有温度地将节日教育在幼儿园一日生活的各个环节中相互渗透、有机结合，并以此整合课程；可分为思品类与传统文化两大类。(8)"醇美联盟"：创设"醇美联盟"，共建"醇美教育"课程体系，家长做志愿者、客座老师，与教师共同商讨课程内容，参与课程实施；此外，家长能够走进课堂，浸润"醇美教育"。

## 一、畅玩"醇美游戏"，激发学习兴趣

幼儿游戏应满足活泼、好动的幼儿个性，以寓教于乐的游戏方式实现对幼儿的教育目的，既要符合幼儿的身心发展规律，又要具有趣味性，凸显游戏开发幼儿的智力、身体协调能力、想象力等育人价值。

幼儿"醇美游戏"将"醇美"的教育理念融入课程实施中，让儿童生活在美的世界里，更注重让游戏玩出艺术，培育幼儿发现美和感受美的审美情趣，培养爱运动有自信、爱交往有礼貌、爱艺术有情趣、爱探究有梦想的"醇美儿童"。如何设计"醇美游戏"，激发幼儿学习兴趣呢？

### (一) 表演游戏

西幼童话剧和"醇美课程"结合已经走过了十三载，在融入课程领导力研究后，我们反思童话剧课程存在的不足：被动模仿、反复记忆让孩子的学习兴趣减退。如何激发孩子在表演游戏中的热情？

儿童剧不仅仅是"演"，还要推进孩子发展、挖掘更多教育价值。基于儿童教育观，我们提出"创意儿童剧"的概念：以儿童剧为载体，拓展儿童戏剧，将学习任务蕴含在儿童自己创编的剧本中，借助儿童剧各要素开展学习活动、表演活动、游戏活动。"创意儿童剧"课程愿景：让孩子根据自己对生活情景的理解和体验做自己的戏剧，教师追随

幼儿的天性开展"创意儿童剧"教育,让儿童剧活动成为专属于幼儿自己的学习,生成幼儿独特的深度学习方式。

在"我剧我做主"的表演游戏中坚持"全程参与、个性体验、自主选择、整合发展"四个原则,让每位幼儿都能得到个性发展。每个儿童剧活动将孩子自选的故事设计成连续推进的"自由有序的合作学习",这样的学习经历五个阶段:自由欣赏(自由选择),体验与理解故事(共编剧本),探索与实践故事(剧场故事),表达与表现(模拟剧场),师生、生生、亲子互评(评价反思)。

在大班儿童剧《九色鹿》排演中我们打破了以往"老师写剧本、孩子记台词、集体抠动作"的模式,采用"自主选剧、研读人物、思维导图概括剧名、绘画创编台词动作"的方式,在这个过程中孩子们逐渐形成自己的剧本,虽然比起以往由老师主导的时候过程变得更漫长,但是孩子们更加自主,全情投入,充满成就感。在经历从无到有的过程后,孩子们对傲慢高贵的皇后的角色表演、卑鄙小人调达的演绎、威武神气的国王的形象塑造有更激烈的讨论,出谋划策、不断磨合,《九色鹿》剧团中的凝聚力也在不断生长,孩子们真正走进醇美的中国传统文化艺术。

图 3-3　幼儿活动过程与作品一览

依据"创意儿童剧"的核心观念"自由有序、合作敏学","醇美"表演游戏不只是关注幼儿的"存生",还依仗教师的"发力",通过支持性介入和经验共享,引导幼儿在运用儿童剧语言表达自我、表现创造、思考认识周围世界的同时,形成具有创造力的、与人关联的、参与合作的终身问题解决能力。

"创意儿童剧"是孩子玩一场私人订制的"醇美"表演游戏,教师需要从儿童的视角和儿童的站位创设一种情境,引领孩子浸润艺术情境,在表演游戏中体会真实的美育,让幼儿亲身感受不同的经验,用真、善、美的童话滋养孩子的心灵。

### (二) 玩教具开发

陶行知先生主张"教学做合一",自制玩教具具有针对性强、创造性大、联想性广等特点,是最能够实现这一理念的活动之一,能在设计制作、玩玩学学中锻炼幼儿动手动脑的能力,发展幼儿的想象力、创造力,并让幼儿体验创造的乐趣。

玩教具的开发和设计应依据材料特性、结合幼儿发展需要来创意开发;同时应合理投放、有效利用自制玩教具,让自制玩教具兼具趣味性和教育性,提高其使用效益。西幼更注重设计艺术类玩教具,体现"醇美"育人价值,让幼儿玩出快乐、灵巧和智慧,浸润"醇美"艺术氛围,最终促进幼儿发展。

"百变转盘"是西幼团队研发的一套系列艺术创意玩具,荣获全国一等奖,由手动转盘、轮轴转盘以及单摆转盘组成。设计灵感源于生活中使用的蔬菜脱水器;幼儿在使用转盘作画的过程中,能探索并感受不同动力变幻出的多种画面效果,引发不同思维创造力的艺术表征。

在游戏的过程中,孩子们一开始只是单纯地旋转画板感受色彩泼洒的绚丽效果;慢慢地孩子们不再满足一味地旋转,而是会探索旋转速度、次数、方向以及颜料稀稠度对画面产生的影响,从而有目的地去完成一幅画作。随着游戏的推进,孩子们会去寻找各种自然物配合转盘一同作画,呈现不同的画面效果。

我们团队通过一次次的实践和研讨,基于对孩子游戏现状的观察,基于幼儿的审美能力,不断修改调整"百变转盘"的设计,丰富玩具的实用性,体现玩具对幼儿发展的多元化价值。小转盘展现大智慧,这个智慧不仅仅体现在幼儿艺术创作的能力上,更体现在孩子们的合作能力、解决问题能力、科学探究能力、想象力以及创造力上,这也契合了我们设计"醇美游戏"的初衷,让孩子生活在美的世界里,培育"四爱四有"的阳光西幼娃。我们以儿童视角,关注"醇美"育人价值,以生动趣味的"醇美游戏"培育具备感性素养的"醇美儿童"。

图 3-4 "百变转盘"游戏

## 二、推进"醇美生活",注重生活品质

幼儿园课程内容必须源于幼儿生活;有价值的课程内容必然是幼儿感兴趣、符合幼儿最近发展区,并能帮助幼儿拓展已有经验和视野的教育内容。我园生成的"醇美

生活"课程学习陶行知的生活教育理论,通过追寻儿童视角、追随儿童脚步、解读儿童故事,不断拓展生活化课程内容、开发生活化课程资源,观察、对话儿童,梳理关键核心经验,探究生活化课程的有效途径;以班级为单位,师幼共同开发"醇美生活"课程,将课程实施贯穿于儿童生活,通过"醇美教育"的浸润,真正体现"在美中生活、在生活中学习、在学习中发展"。

## (一) 用餐礼仪

每天中午午餐环节,优美的古典音乐在西幼的校园里久久回荡,孩子们自主洗手后有序地进入自己所在的餐厅,井井有条地文明用餐。每年西幼举办多次"醇美美食品尝会",菜肴注重"精致美""味道美""形象美""色彩美",给人赏心悦目之感,老师营造童趣、创意、美观的用餐环境,孩子吃得津津有味并产生了美的联想,从而培养审美情趣,更加热爱生活。

图 3-5　餐品一览

## (二) 用餐习惯

西幼的"醇美生活"体现在生活教育的细节中,小班孩子的餐厅里摆放着一面镜子,孩子们吃完点心,都会边擦嘴边照镜子,保持自己的脸部干净,擦完后把毛巾叠放整齐,仔细地放进箩筐里。中、大班的孩子当起了值日生,把教室的椅子和桌子摆放整齐,主动为生活老师摆放碗筷,检查孩子的小手是否洗干净,提醒孩子在走廊里不奔跑……

老师注重"醇美生活",用敏锐的眼睛发现生活中的随机教育,润物细无声,提升孩子的生活品质。

### (三) 餐前广播

每天一次的"小喇叭广播"是西幼"醇美生活"的一部分,是幼儿开展语言表达、情感体验、角色扮演、交往实践的有效场所,以中、大班孩子的采编、主持和托小班孩子的聆听为主。每班老师根据《幼儿园小小新闻台活动安排表》,制定《班级小小新闻台活动安排表》,并告知每一位家长。每学期,中、大班的每一位幼儿至少有一次亲自采编和主持的经历,孩子们在老师的指导下,

图 3-6　幼儿用餐

收集采编幼儿园里欢乐亲子活动、艺术欣赏活动和社会上的大事件,进行自信的播报。

图 3-7　餐前广播

**(四) 美食品尝会**

中国饮食文化是中国特色的文化之一，讲究"色香味俱全"。西幼致力于不断创新菜肴，科学制定幼儿食谱，保证食物搭配丰富多样，烹饪方式适合幼儿，真正让幼儿吃得科学、吃得健康、吃得合理、吃得美味，体验美食品尝中的"醇美"情趣。西幼会邀请家长进园品尝孩子们在幼儿园吃到的菜肴，感受我园对幼儿饮食色、香、味的高标准、高要求。

图 3-8　美食品尝会

在我园师幼共同开发的"醇美生活"课程中，孩子们的学习从生活中来、到生活中去；孩子们的已有经验在生活实践活动中获得了有效的提升，回归了生活的本来面目；孩子在自己的世界中亲历与实践，在生活中发展、在发展中生活，充分体验到生活的幸福和乐趣！

## 三、推行"醇美运动"，促进儿童健康

西幼本着"我健康，我快乐"的原则，保证孩子的户外活动时间，让孩子每天伴随着动听悦耳的音乐，在宽敞的操场和室内体育馆中尽情地运动身体。体育运动是人们有

计划地向着一定的目标前进的创造过程。一方面,体育运动能增进人的健康,发展人的个性;另一方面,体育运动有观赏的价值,能有效促进幼儿的身心健康发展。运动是以人体的美的运动形式来表现和创造美的,因此每一项体育运动都能让幼儿在体验的同时感受到人的形态美与心灵美。"醇美运动"在活动中力求充分让幼儿得到健康之美、健康之快乐的体验。

**(一) 韵律操**

在韵律操中,孩子们亲身体验了节奏韵律,将自然和谐、整齐一律、均衡对称和多样统一这些美学特征发挥到极致,感受到了韵律操所带有的线条与形体、色彩与音乐的美,获得了美的感受和体验,在潜移默化中接受了审美教育,提升了审美鉴赏能力,在欣赏美的同时感受到合作的快乐与成功的喜悦。

图 3-9　韵律操

**(二) "龙的传人"**

我园将"醇美"特色与运动板块相融合,开展了富有传统文化韵味的"舞龙"体验活动。在"龙的传人"活动室里,孩子们自主协商分工、自由体验"舞龙"、自信展示发现的"舞龙"小秘密。在每周一个半小时的体验活动中,孩子既锻炼了健康的体魄,也感受到与同伴合作解决问题的成功与运动的快乐。

图 3-10　"龙的传人"

### (三)"灌篮高手"

我园开展了非常有意义的情景运动,让孩子们扮演不同角色,全身心投入在情境运动游戏中。如在"灌篮高手"比赛中,孩子们身穿篮球服,精神焕发地来到运动场地。他们进行了拍球和投篮等项目,在沉浸式游戏的同时,身心得到了锻炼和放松。

图 3-11　"灌篮高手"

### (四) 亲子运动会

我园每学年都会举行亲子运动会,不但增进了亲子关系,也让家长们了解孩子的体能发展情况。亲子运动会锻炼了孩子的体质,培养了孩子良好的参与意识、竞争意识和合作意识。在激烈的竞赛中,幼儿的身体得到了锻炼,心灵得到了欢愉,收获了成功的积极体验;家长们也收获了久违的童年意趣;教师也从儿童的成长中获得了成就感。大家在亲子运动会中感受到了运动之乐、健康之美。

图 3-12　亲子运动会

## 四、建构"醇美学习",提升保教质量

我园通过主题课程、艺术欣赏课程和书画古诗教育构建幼儿"醇美学习"系统,提高我园保教质量。

### (一)"醇美"主题课程

在"醇美"主题课程里,每个班级呈现"醇美环境",让"醇美文化"的元素渗透一日活动,集体活动和个别化学习注重"醇美教育"内容的开展,让孩子踏入教室便能感受到浓郁的"醇美文化"氛围。二期课改新课程给予了我们教师选择的空间,为集体学习与个别化学习的互动推进提供了基础。集体学习由教师按照一定的教学目标,选择教学内容,设计教学过程,面对全班幼儿实施教学。而个别化学习目标清晰有序,活动过程自主,孩子们能在自由、宽松的心理环境下,完全按照自己的意愿和需求进行。两者相辅相成,互相推进。

### （二）"醇美"艺术欣赏课程

艺术，作为一种符合审美要求的感性形式，能得到幼儿特别的青睐。3—6岁的幼儿在有组织的艺术活动中态度极其专注，例如儿童作画。儿童对音乐的反应十分强烈，几乎所有有过音乐经验的儿童，都能在乐曲声中兴奋起来，因此儿童特别喜欢音乐。西幼每周一次的艺术欣赏活动（文学欣赏、美术欣赏、音乐欣赏）与主题活动有机融合、相互渗透，积累了优秀经典课例，形成"醇美"艺术欣赏课程，通过"感知—体验—再现"的三段式模式展开课程。教育工作者在实施幼儿的审美教育时要关注幼儿的个体差异，要采取适当的引导手段，为幼儿提供审美教育的心理环境和物质环境。也因此，审美教育更需要具备审美情趣感的教师。教师要让幼儿感受艺术作品的美，利用文学、美术、音乐，用同构原理努力给予整合，充分发掘幼儿感情潜能。

图 3-13 幼儿在"醇美"艺术欣赏课程中

### （三）"醇美"书画古诗教育

书画古诗教育能让幼儿感受民族文化的美，感受中国古代诗画的美。西幼对幼儿进行了书法和国画的启蒙教育探索，研究开发了符合4—6岁幼儿年龄特点的"可数符号"国画教学，对孩子进行艺术熏陶，开发幼儿的视觉空间智能。西幼每周进行一次书画分组教学活动，用适合学龄前儿童的学习方式让孩子感受中国传统艺术文化。每年进行一次书画展，展示孩子的艺术作品，使孩子建立自信，增加对中国传统文化艺术的喜爱之情。

在班级的区域活动中,教师创设"诗与画"的体验活动,将古代诗歌中的语言美、情感美、意境美与书画巧妙地融为一体,在提高幼儿审美能力的同时,使幼儿丰富知识、启迪智慧、发展潜能、陶冶情操。

图 3‐14　幼儿在国画教学中

例如杜甫的《绝句》:"两个黄鹂鸣翠柳,一行白鹭上青天。窗含西岭千秋雪,门泊东吴万里船。"全诗一句一景,合起来则宛如一幅浑然一体的画卷。活动中幼儿用国画的形式表现诗中鹂之"黄"、柳之"翠"、天之"青"、雪之"白",还有暗含的江之"蓝"、船之"褐"等,让这些色彩绚丽的景物与书法汉字相匹配,做到"诗中有画,画中有诗"。

## 五、开展"醇美体验",满足兴趣爱好

"醇美体验"让幼儿知道人与人之间的语言美、行为美、品德美、运动美,让幼儿在玩中学、在学中思,感知生活乐趣、体验艺术情趣、创造自由想象,使每一位西幼的孩子驰骋在艺术的享受和创想中。

幼儿的活动兴趣及需求是活动开展最基本的前提。我园本着"原则规范、方向引领"的指导思想,结合本园的实际,创造性地、适宜地将基础课程与特色课程有机融合,综观性地思考实施课程方案。在课程实施过程中,我们立足于西幼办园特色和幼儿个性化发展,着眼于幼儿经验的扩展提升,满足幼儿的兴趣。

### (一) 基于幼儿的年龄特点

我们首先要考虑的是:是否符合幼儿自主、自愿、自由的原则;对孩子来说是否是真正的体验;是否符合孩子的年龄特点;能否有效支撑课程目标的达成。课程研发组在幼儿"醇美体验"设计与指导上做出大胆的尝试,逐步开发研制"艺术创想家""巧手料理家""运动小达人""小小科学家"等体验活动内容,充分发挥"醇美体验"在课程中的本体价值和辅助作用,及时调整与充实课程内容,使体验活动更有意义。

图 3-15　幼儿自主创作

## （二）基于幼儿的生活经验

图 3-16　幼儿制作美食

课程在实施的过程中充分发挥幼儿的主体性，并结合幼儿的生活经验。教师立足于和幼儿之间的对话，将幼儿的兴趣热点作为课程实施更新与调整的要素之一，使课程从生活中来、到生活中展开、在生活中生成。例如在"醇美体验"中，"节气美食"深受孩子们的喜爱。孩子们可以根据自己的能力与兴趣了解不同节气中的美食，在活动中尝试动手制作各种节气美食（粽子、汤圆、水饺等）；可以选择某一流程或几个流程，甚至挑战制作的全过程。孩子们积极参与，寻找解决问题的方法，记录所获取的信息，感受同伴合作、自主探索的乐趣，体验劳动成果带来的快乐。

## （三）基于幼儿的学习方式

幼儿的学习特点也是影响课程实施更新与调整的重要因素之一。对教师来说，幼儿的学习特点是怎样的，应以什么样的活动形式和方法来组织活动，是课程实施中需要考虑的首要问题。幼儿审美情趣的培养需要教师营造良好的环境，良好的环境能增强幼儿的角色体验、熏陶幼儿的情绪情感。例如在创意美术室和传统文化书画活动室中,我们创设扎染、盖印章、造纸等活动,让这两个活动室变成孩子喜欢的地方,使孩子的感性世界无比丰富,让孩子尽情享受无穷无尽的快乐时光,体验动手实践的乐趣,真正地使孩子的善于合作、自信等优良品质在活动中得到养成。

图3-17 幼儿体验扎染

开展"醇美体验"的具体做法包括以下几点:

第一,全面建构"醇美"艺术课程体系。在西幼"醇美"特色课程的艺术欣赏课程中,孩子能欣赏到古今中外的名曲、名作,通过游戏化的方式感知、体验、再现。而"醇美体验"可以更加浸润式地将"醇"这个字发挥到极致。在"醇美体验"中孩子们能发现伙伴间的真、善、美;发现各种传统文化中纯粹的艺术特质;更能展示自己淳朴的艺术作品。同时,西幼古朴典雅的园舍外貌、浓郁的传统文化气息,使每一位西幼的孩子驰骋在艺术的享受和创想中。西幼拥有一支创新、进取、勇于探索的优秀师资队伍,每位教师都有自己的特长,如文学、音乐、国画、书法,并有丰富的幼儿教育经验,为"醇美体验"奠定了专业基础。

第二,全面促进幼儿审美意识发展。西幼实施的"醇美体验"强调"以儿童发展为中心",遵循"三自三同"的原则(自由结伴、自主选择、自发探索,同伴互助、共同研讨、共同解答),以帮助儿童形成主动学习的基本价值取向。课程以系列关键经验为学习内容,以计划、行动和反思的活动为基本组织形式,旨在让孩子们对周围的自然与社会具有高度热情和广泛兴趣,从而促进幼儿全面发展。

第三,优化以体验为中心的学习方式。《上海市学前教育课程指南》提出:"教师的教育方式应由以直接传授知识为主，转变为以激发幼儿主动探索、自主活动为主。优化幼儿的学习方式，使幼儿主动地、富有个性地学习。注重幼儿学习的过程，丰富幼儿活动的经历与体验，为幼儿提供活动与表现能力的机会、条件。"在"醇美体验"中，老师也将自己的理念转变体现在行动上。每个周五，孩子们能够自由选择自己感兴趣的活动室并对里面的材料进行自由探索，在与同伴的互动中发现问题、解决问题，从而获得经验。而老师也从关注活动的结果开始慢慢转变理念，更注重活动过程中幼儿的全面发展。这种轻松自由的环境氛围让孩子们的活动热情更加高涨，我们经常能在体验活动中发现平常不怎么起眼的孩子的"哇"时刻。体验活动带给孩子们的不仅是快乐，还有更多的成长。

## 六、建设"醇美环境"，激活园所环境

我园倡导"环境育人、美育育人"的理念。为创设生活体验式的审美环境，我们利用了多种感官元素引发幼儿的审美情趣。我园古朴典雅的园舍外貌与审美艺术教育课程的内在"环境"相得益彰，浓郁的传统文化气息使每一位西幼的孩子驰骋在艺术的享受和创想中。还有国学元素、幼儿的书画作品融入走廊环境。

关注幼儿个性发展，让活动室成为幼儿回归本源的儿童乐园。我们利用感官元素引发审美反应，在活动内容中融入视觉艺术经验，充分创造条件和机会，在大自然、社会文化和传统文化的结合中启发幼儿对美的感受和体验，丰富其想象力和创造力，让幼儿参加各种形式的感受美、欣赏美、表现美的活动，使其亲身经历体验，提升幼儿的审美情趣。我们将艺术空间进行了主题分类，让孩子们有更大的空间来享受多元艺术创作。

### （一）"生活创想 DIY 天地"

"生活创想 DIY 天地"是孩子们大胆创作的地方。孩子们围绕生活用品展开想象，体验艺术作品的千变万化和创意表达。他们尝试利用各种工具、多元材料来制作生活创意用品，体验自己动手创意制作的快乐。孩子们用特有的稚拙和童趣，把小雨伞、鸡蛋托、废报纸、快餐盘、啤酒瓶等变成了一件件工艺品，那么生动，那么出神，那么有创意。孩子们在这里不仅培养了对色彩的兴趣，还发展了动手能力，激起欣赏美、表

现美的情趣,更重要的是在动手操作过程中体验到了创造和成功的喜悦。"生活创想DIY"活动充分发挥幼儿的主体性,结合幼儿的生活经验,将幼儿的兴趣热点作为活动内容更新与调整的要素之一,体现了"艺术源于生活,又回归于生活"。

图3-18 幼儿自主DIY

## (二)"中国雅韵书画室"

书画活动室是翰墨飘香的地方,在这里,孩子们挥洒笔墨,酣畅淋漓。走进书画室,浓郁的书香气息感染着每一个书画爱好者,墙上展示着孩子们的优秀书画作品。孩子们在书画室里体验墨与纸的韵味,感受传统文化的内涵,激发潜藏在心灵深处的创造力和想象力。"快乐星期五"活动时,书画活动室更是孩子们与笔墨纸砚玩游戏的地方。幼儿在悠扬的古筝音乐伴奏下,亲身体验各种中国传统手工艺活动。"奇妙的扎染"中,幼儿尝试用扎染的方法在小手帕、小汗衫上作画,感受扎染画的美感,体验扎染的乐趣。制作"青花瓷"活动中,幼儿在欣赏青花瓷的花纹

图3-19 幼儿创作展示

和图案的同时,了解其纹样装饰特点,感受其独特的色调美和纹样美。"旗袍秀"中,孩子们欣赏民间大师们的艺术作品,了解并感受旗袍的独特魅力,尝试用国画的形式设计旗袍上的图案,以表现中国艺术的美。"趣味印章"是孩子们非常感兴趣的游戏,孩子们观看象形文字演变的视频故事、合作用印章拼出一首首古诗、探索找象形字的方法,乐于接受挑战,体验同伴合作带来的乐趣。教师将艺术感受要素与中国传统文化进行同构,引导幼儿体验和表达。

### (三)"名画艺术长廊"

在这里孩子们可以近距离地与大师面对面地对话。《大碗岛的星期天下午》是法国画家乔治·修拉的名画作品,孩子们欣赏着,用"点彩法"迫不及待地画下自己的快乐星期天下午,并和小伙伴们述说自己的生活乐事。哈林的《有趣的小人》涂鸦作品充满了欢乐的小人物形象,引起了孩子们对画面的想象、猜测,孩子们从中感受到作品的生动、有趣。通过欣赏大师的作品,孩子们在自己的画纸上画出小人滑稽、夸张的动作,运用线条、色彩、空间等要素表达自己对世界、对美的体验。

图 3-20 "名画艺术长廊"一览

一直以来,我们总是提倡"让孩子参与环境创设",但我们可以看出孩子仍然只是一个参与者,而没有被放在主体的地位。随着瑞吉欧教育思想对幼儿教育的不断影响,园所环境的创设荣升为一种"隐性课程",创设主题环境成为幼儿园工作的热点。在环境创设中我们必须注重让幼儿积极参与,为幼儿创设艺术创造的条件,以此培养幼儿的审美、参与意识、自我意识、合作精神、集体观念和主人翁意识,增强幼儿的责任感和自信心。"一所好的学校连墙壁也能说话。"教育不仅仅发生在教室内,每一处空间都可以成为教育的现场。幼儿的作品本身也是一种艺术媒介,在空间中装饰上艺术媒介可以让幼儿本能地产生联觉反应,从而大胆地创作,丰富地移情想象。幼儿在观察自己和同伴的作品时,审美感受、评价能力在无形中得到提升,日积月累便能达到美育的核心经验和最终目标,培养幼儿完满型人格。

环境创设中,我们运用多维媒介创设一个多感官交互的艺术环境,引发幼儿探索艺术材料,增强幼儿对材料具体特征的认识,发展幼儿多元智能,激发幼儿无限的创意想象。幼儿运用自己的感官和智慧去实现目标,根据自身生成的需求,进行动态的环境创设。孩子们在活动室的各个区域中感知、获取新知,然后将这些经验运用到自己的创作追求中。

我们希望用美的环境去教育人、启迪人、影响人,人的心灵被美启迪之后,才能真正地向美、向善、向醇。"醇美环境"带给孩子们另一种认识周围世界的方式——在直接接触各种材料、人以及生生互动、生材互动中创造事物,鼓励幼儿大胆探索、创造和欣赏艺术,加深对环境的理解,从而丰富其生活。希望孩子们能在西幼这一方创意天地中,释放最童真的天性,快乐、自由地创作,徜徉在艺术的海洋中,启蒙一生。

## 七、创意"醇美节日",浓郁课程氛围

节日教育是幼儿园教育活动的一个重要内容,是幼儿园课程中不可或缺的一部分,其丰富的教育资源与潜在的教育价值对幼儿的发展有着特别重要的意义,我园将"醇美节日"浸润、融入特色"醇美课程"中。我国是一个统一的多民族国家,民族的传统节日活泼多样、各具特色,是悠久历史文化的积淀,承载着人们对美好生活的憧憬。对于幼儿园的幼儿来说,从小引导他们了解节日的礼仪内涵与知识,对实现我们西幼"醇美教育"的目标有着深远的意义和作用。

成尚荣在《核心素养的中国表达》一文中强调:中国学生发展核心素养应植根于中华优秀传统文化土壤中。发展幼儿的核心素养是我们"醇美课程"的基本。西幼通过节日教育课程的教育实践,发现节日教育有利于幼儿的认知发展,能激发幼儿的情感发展,更有利于幼儿的社会性发展。作为祖国的新一代,幼儿应当了解和珍惜我们中国自己的传统节日文化,感受人文素养不可替代的优势,努力使中国优秀的传统文化得到传承与更新。

"醇美节日"立足3—6岁幼儿的年龄特点,尊重幼儿直觉行动性和具体形象性的思维特点,让幼儿通过亲身感知体验喜庆、欢快的浓郁节日氛围,初步了解健康的民俗习惯及社会规范,培养积极、健康的情感和人际交往能力,逐步养成良好的礼仪习惯,促进社会性发展,提升民族荣誉感,继承与发展中华民族优良的传统美德,最终全面、和谐、平衡地发展。

互相联系的课程是整个的、连贯的。我们"醇美课程"下的节日教育一改以往"节日到，真热闹；节日过，一边丢"的状态，而是将其延续、丰富，有温度地将传统节日教育与幼儿园的一日生活中各个环节相互渗透、有机结合，从而整合课程，如"醇美体验"中的节日教育、"醇美教学"中的节日教育、"醇美运动"中的节日教育等。西幼把握每一次节日时机，将"醇美教育"理念渗透其中，自然生动、贴近实际而又创造性地开展"醇美节日"教育活动。我们目前主要有传统文化与思品教育两大类节日活动。

### （一）传统文化融入节日教育

中华的传统节日是中华民族悠久历史文化的重要组成部分，其中蕴含着我国人民勤劳善良、与人为善、爱国爱民等优良品德。幼儿能通过传统节日活动了解节日风俗、感受节日精髓，从而激发爱国情感，因此，开展传统节日文化教育是传承中华文化的有效途径。

一年又一年，西幼传承着各类节日庆祝活动，"麟趾春深醇美乐，莺声日暖玉兰花"，开学季正值春意来临之际，和煦的阳光照耀着醇美的西幼校园，洋溢着迎新的"醇美"节庆氛围。

#### 1."迎新欢乐周"

开学伊始，"大龙""小龙"一起舞动，形态各异，惟妙惟肖，还有各种活动：缤纷元宵、灯谜会、创意花灯……孩子们笑语盈盈赏花灯庆元宵，在中国特有的语言文化浸润中感受语言文学的押韵美，开动脑筋发挥想象，其乐无穷。孩子们亲手包汤圆，味道更香甜，意味新的一年阖家幸福、团团圆圆。礼、乐、射、御、书、数是中国传统文化"六艺"内容，在"迎新欢乐周"中，西幼将中国传统文化渗透于一日的点滴生活中，孩子们跳起

图 3-21 "迎新欢乐周"活动

了《精忠报国》的器械操、体验《中国字　中国人》的韵律操……传统文化意趣盎然,"醇美体验"蕴含其中,孩子们在丰富多样的活动中感受中国文化的魅力。

### 2. 端午节活动

虽然屈原是两千年前的一位诗人,离幼儿的生活比较远,但我们通过现代的教育手段,如布置班级、制作与节日相关的PPT,充分调动幼儿的视觉感官参与活动,缩短时空,使幼儿更容易理解。通过端午节这一传统节日感染幼儿,许多幼儿立志要认真学习、努力奋斗,长大了为祖国贡献一份力量。

### 3. 中秋节团圆

一年一度的八月十五中秋节是我们家家户户团圆的日子,幼儿通过教学活动"嫦娥奔月",了解神话传说中与中秋节有关的故事以及中秋节的来历。亲身体验制作香香的月饼能满足幼儿对美食的兴趣,在有趣的制作过程中,幼儿动手动脑、自主探索,发现并解决问题,体会中华文化的魅力。

### 4. "九九重阳节"尊老活动

"醇美体验"中,幼儿查找各方资料发现农历九月初九日是中国民间传统节日重阳节,也知晓了古人在重阳节有登高祈福、秋游赏菊插茱萸等习俗。大家一起赏析了《九月九日忆山东兄弟》这首古诗,理解了重阳节的意义是敬祖、敬老、感恩。师幼一起制作重阳糕,插上自己制作的小旗子,回家后送给老年长辈,有的与他们一同登高望远,

图3-22　幼儿制作中秋美食

有的给老人们敲敲背捶捶腿，有的给远在外地的爷爷奶奶电话问候，有的晚饭后帮老人晾晒衣服……那天九月初九重阳节，每家每户都有着孩子们关爱老人的和谐景象。

### （二）思品教育浸润节日教育

西幼"醇美课程"中的传统文化节日教育活动不胜枚举，它的教育价值与作用显而易见。此外，还有许多帮助幼儿树立正确人生观的思品类节日教育活动。

**1. "我爱我的祖国"新中国 70 华诞活动**

欢庆新中国成立 70 周年主题活动中，幼儿园里洋溢着节日的喜庆氛围，每位西幼孩子手上都挥舞着国旗。国旗飘扬，师幼齐歌唱，歌唱祖国，我们热爱我们的祖国，是新中国给了孩子们幸福的雨露、金色的童年和明媚的阳光。孩子们在丰富多样的活动中，了解了新中国母亲的生日，为自己是中国人感到自豪。很多家长和孩子自发地选择了国庆主题内容，孩子们和爸爸妈妈一起制作精美的国庆小报，大红色的画面、方正的字体展现了孩子们对新中国的美好祝福。"小喇叭广播"播报祖国繁荣昌盛。童声歌唱传遍西幼校园。为新中国庆生，国庆元素遍布西幼，孩子们讲国庆新闻、开展国庆主题大活动，祝福新中国的生日。园内环境如诗如画，点亮了孩子的爱国之心，爱国主义情怀也在西幼的校园久久回荡。

**2. "学雷锋日"活动**

生活中幼儿会担任值日生，乐意为集体服务；运动中幼儿会根据自己的需求自主摆放运动器材；提名投票竞选中幼儿会将同伴誉为"活雷锋"，赞誉同伴默默为集体和同伴提供服务。通过各种活动，幼儿每天都能发现同伴身上的优点并加以学习，努力成长为一个个小小"活雷锋"，在每一处闪光。

**3. "陌上花开　爱落心间"三八节活动**

春暖花开，鸟语花香。在这春意盎然的日子里，我们迎来了浓情的三八妇女节。通过节日活动，幼儿知道了三月八日是妇女节，是奶奶、妈妈、阿姨等女性们的节日，了解了其来历，懂得了感恩，学会了珍惜和付出。

**4. "119 消防日"活动**

孩子们来到消防车的车厢内部参观，消防员叔叔为孩子们详细演示了消防车的各个部件和特别的功能。孩子们体验消防员叔叔出勤的感受后都兴奋至极，敬爱着我们

图 3-23 妇女节活动

生活中的平民英雄,表示长大后也要做消防员去保护大家,一颗颗希望的小种子埋藏在了孩子们的心里。这样沉浸式的体验学习,在他们幼小的心灵中留下深刻的印象,相信孩子们也会将逃生的小知识牢记于心,使他们在以后的生活中学会处乱不惊、沉着应对。

幼儿园还有社会性纪念节日,如"教师节""国际劳动节""世界卫生日""世界环境日""世界水日""植树节"等,期待我们西幼"醇美节日"教育不断发展壮大。

图 3-24 体验消防活动

环境创设也是节日教育中不可或缺的部分,节日需要气氛,气氛是由环境的设置而产生的,什么节日创设什么样的氛围,"醇美环境"下的节日氛围渲染着整个西幼。诚如郭沫若所说:"人的根本改造应当从儿童的感情教育、美的教育着手。"西幼的"醇美课程"丰富而健康了幼儿们的情感,对他们智慧的发展、德性的养成以及整个人的成长来说是阳光、是雨露。

我园抓住了"醇美节日"教育这个突破口,促进了幼儿良好习惯与文明礼仪的养成,使幼儿懂得生活中待人接物的基本礼仪,知道在公共场所要遵守的各种行为规范。教师在"顺天性、任自然"的教育理念中,认同幼儿眼中的美,使幼儿形成文明大方、善于交往、乐于表达的良好个性,提升其实践能力。

## 八、创设"醇美联盟",完善家园共育

家长做志愿者、客座老师,与教师共同商讨课程内容、参与课程实施。我们利用家长资源把民间艺人请进活动室,孩子们观看民间艺人制作出各类造型的糖人,并亲手体验制作冰糖葫芦;有身为儿童茶艺师的家长来到了茶艺社,带孩子们品味中国茶,品味中国传统文化;我们有幸请到了精武体育总会的老前辈们,他们认真矫正孩子的动作,老前辈们精气神十足,孩子们被深深感染……精彩纷呈的家长社团活动给西幼的"醇美课程"注入了一股强有力的力量,让每位西幼的孩子感受艺术带来的美,体验真实情境中的情感,再现创造的精彩。

### (一)走进课堂,浸润美育课程

每学期西幼对家长开放课程,家长以参与者的身份亲历孩子的各项活动,通过游戏互动、汇报沟通等内容,多维度地感受孩子在幼儿园的成长与进步。在生动的游戏中,家长蹲下身和孩子齐平,回到童年,成为孩子的伙伴,感受孩子对游戏情境的表现、与同伴交往的发展,真实、全面、近距离地观察、感受孩子们在园里的学习情况。老师根据班级孩子的发展情况与家长需求开展相应的汇报展示活动,让家长通过孩子发展的比较,感受孩子一学期的变化。浸润式地走进孩子的课堂,家长切实地看到西幼"醇美课程"对于孩子发展的助力作用,在线问卷的形式也让家长参与到西幼班本化课程的评价之中。

图 3-25　家长进课堂

## （二）家长社团，助力"醇美课程"

在"醇美课程"全面推进的同时，我园家长社团活动的开展让西幼的课程更加多元化。西幼的六大家长社团（营养、助教、宣传、义工、安全、表演）结合传统佳节、幼儿园的大活动、各年级的主题活动以及幼儿的需求积极开展活动。以体验活动为例，在我园的"'快乐星期五'醇美体验"中，我们的义工社团和助教社团的家长成员积极参与，奶奶、外婆来到"节气美食"活动和孩子们一起说说端午、包粽子；民间艺人来到"糖糖世界"给孩子们做各种有趣的小糖人；心灵手巧的妈妈带领孩子一起做扎染；博学多才的妈妈老师来到印章活动室给孩子们讲印刷术的历史，还带领孩子们一起玩拓印……结合各主题活动的开展，我们的助教社团更全力以赴为西幼的孩子创设良好的教育情境，让幼儿在真实的教育情境中感知体验，获得经验的提升。我们的消防员爸爸将消防车、充气火场搬进了校园，让孩子们在真实的情境中感受火场逃生的艰辛；医生妈妈给孩子们上了一堂生动的"保护视力"的教学课，孩子们知道了眼睛其实很脆弱，不好好爱护会带来很大的麻烦……营养社团的活动也绝不落下，社团成员关注幼儿园的午餐午点，不断提供营养又好吃的食谱，为孩子们的健康成长保驾护航。西幼的校园舞台上少不了热爱生活、热爱艺术的表演社团的家长们，元宵节上舞狮舞龙的爸爸妈妈，童话剧中的人物角色表演，中华武术的指导者爷爷，每位表演者都将自己对表演的热爱传递给了每位孩子,激发孩子对生活、对艺术的热情。宣传社团的成员个个有敏锐的观察力,积极参与幼儿园的各项活动,参与活动方案设计,参与环境布置,参与活动摄像,参与文案编辑,协助幼儿园更快捷地将西幼的各种教育活动信息传递给全园的家长。

图 3-26　家长社团活动

# 第二节

## 贯通：幼儿发展的时间维度

纵向贯通,重在关注幼儿个性发展的时间维度。"醇美课程"浸润幼儿在园三年的每一个寻常时刻,如每天"悦读十分钟""小喇叭广播",每周"快乐星期五"体验活动,每月"礼仪小达人"评选活动,每学期"童心童话"展,每学年"童话剧巡演""醇美运动会"。

我园根据3—6岁不同年龄段儿童的发展特点,结合本园"醇美课程"特色,在多年的实践中总结完善了西幼各年龄段"醇美欣赏"活动安排表,关注幼儿个性化发展的实践维度。小、中、大班每位教师继续研究使用四本教参书的试用本,积累素材;学期结束后做好资料收集和整理工作。各年级组做好每一主题的资料梳理(每一主题的资源说明,包括集体学习活动、个别化学习活动、环境创设),形成文字电子稿,有可供操作的具体计划等。教研组组长督促年级组做好特色课程的再实践,完善课程内容,学期结束后汇总补充内容,收集整理集体教学实例和活动建议等资料。

# 一、小班

小班幼儿刚从婴儿期步入幼儿期,正处于从直觉行动到具体形象思维的过渡阶段,他们的认识很大程度上依赖于直接经验。小班的幼儿也爱模仿,他们喜欢模仿老师、家长和伙伴,在模仿中学习、成长,模仿是他们的学习动机,也是学习他人经验的过程。这个时候的幼儿,也产生了美术表现的欲望,他们会把线条、图形进行简单的组合来表现事物的大致特征。小班的幼儿也开始喜欢唱歌,尤其是对富有戏剧色彩、情绪热烈的歌曲会产生很大的兴趣,并且反复跟着唱。我园的"醇美欣赏"活动把握了小班幼儿的发展规律,从幼儿的生活出发,开设了"我的幼儿园""小宝宝""苹果和橘子"等主题单元课程(详见表3-1)。

表3-1　小班主题"醇美欣赏"活动

| 年龄 | 主题单元名称 | 主题内容与要求 | 艺术欣赏课程内容 | 重点领域 |
|---|---|---|---|---|
| 小班（上） | 我的幼儿园 | 乐于参加集体活动,体验幼儿园生活的快乐,能遵守简单的集体规则。 | 玩具兵进行曲 | 艺术、社会 |
| | 小宝宝 | 学用普通话说出自己与同伴的姓名,能关注自己与同伴的五官与四肢。 | 睡吧,宝贝 | 语言、社会 |
| | 苹果和橘子 | 认识常见水果的名称,感知它们明显的特征。 | 橘子舞 | 艺术、健康、语言 |
| | 娃娃家 | 了解自己的家和家人,亲近父母和长辈,以各种方式表达自己的情感。 | 给妈妈的妈妈送甜蜜 | 语言、社会 |
| | | | 漂亮相框 | 艺术、语言 |
| | | | 爱心炒面 | 艺术、社会 |

| 年龄 | 主题单元名称 | 主题内容与要求 | 艺术欣赏课程内容 | 重点领域 |
|---|---|---|---|---|
| | 小司机 | 了解常见车辆的不同外形。体验车辆给我们带来的方便。 | 会响的小路 | 语言、科学 |
| | 小医生 | 识别常见的医药用品，理解人们生病需要医生治疗才能恢复健康，遇到打针吃药不害怕。 | 心爱的小手帕 | 艺术、健康 |
| | | | 李绅《悯农》 | 语言、社会 |
| | 理发师 | 了解理发师的劳动，愿意理发。 | 小小按摩师 | 艺术、社会 |
| | 白天和黑夜 | 有观察太阳、月亮变化的兴趣，区分白天和黑夜。 | 李白《静夜思》 | 语言、社会 |
| | | | 月亮的味道 | 语言、社会 |
| | 不怕冷、过年啦 | 感知春节、元旦的热闹景象，喜欢参加各种形式的节目活动，体会过新年的欢乐。 | 怕冷的恐龙 | 语言、社会、科学 |
| | | | 小猫圆舞曲 | 艺术、社会 |
| 小班（下） | 小兔乖乖 | 爱听童话故事，喜欢观察照顾小兔，并有兴趣参加装扮活动。 | 小树芽 | 艺术、健康 |
| | 熊的故事 | 尝试用各种方式表达故事情节，对物体的大小进行比较或匹配。 | 孤独的小熊 | 语言、科学 |
| | | | 快乐小象 | 艺术、社会 |
| | 学本领 | 体会每个动物都有各自的本领，有兴趣地模仿小动物的动作。 | 会飞的拥抱 | 语言、社会 |
| | 动物花花衣 | 喜欢、亲近各种常见的动物，分辨动物明显的特征。 | 骆宾王《咏鹅》 | 语言、社会 |
| | | | 小刺猬的麻烦 | 语言、社会、科学 |
| | 小花园 | 喜欢观察周围的花草树木，有爱护它们的情感。 | 彩色树叶的舞蹈 | 艺术、社会 |
| | | | 孟浩然《春晓》 | 语言、社会 |
| | 雨天 | 感知雨天的自然景象，感受雨中活动的快乐。 | 嬉雨 | 艺术、社会 |
| | | | 向日葵 | 艺术、社会 |
| | | | 树 | 艺术、社会 |
| | 好听的声音 | 喜欢听辨周围的各种声音，区别不同的声音以及所表示的意义。 | 唐老鸭减肥记 | 艺术、健康、语言 |

续表

| 年龄 | 主题单元名称 | 主题内容与要求 | 艺术欣赏课程内容 | 重点领域 |
|---|---|---|---|---|
| | | | 拨弦 | 艺术、社会 |
| | 夏天真热闹 | 感知夏天明显的气候特征,乐意参加各种使身体凉快的活动。 | 聪明的孩子笨老狼 | 艺术、社会 |
| | | | 有趣的小人 | 艺术、社会 |
| | 好玩的水 | 初步感知水的性能,尝试利用水玩各种游戏,体会玩水的快乐。 | 神奇的小鱼 | 艺术、语言 |

## 二、中班

中班是幼儿在三年学前教育中承上启下的重要阶段,也是幼儿身心发展的重要时期。这个时候,幼儿的有意行为增加了,注意力也更加集中了;规则意识开始萌芽,但是非观念较为模糊;在集体活动中逐渐学会交往和合作;动作发展也趋向完善,体力明显增强,活泼好动,会用自己的感官去探索周围的环境。中班幼儿的思维已经有了具体形象的特点,他们可以根据事物的表面属性进行概况,对事物的理解能力和表达能力也逐渐增强。此外,这个阶段幼儿的表达表现能力也逐步提高。因而,在我们的中班"醇美欣赏"课程中,我们充分为幼儿创造合作交流的机会,鼓励幼儿探索身边的环境并进行思考和归纳,开设了如"幼儿园里朋友多""我在马路边"等单元主题课程(详见表3-2)。

表3-2　中班主题"醇美欣赏"活动

| 年龄 | 主题单元名称 | 主题内容与要求 | 艺术欣赏课程内容 | 重点领域 |
|---|---|---|---|---|
| 中班（上） | 我爱我家 | 1. 尝试采用多种方式收集身边的信息,了解自己的家。<br>2. 尊敬父母和长辈,感受家的温暖。 | 让爱住我家 | 艺术、社会 |
| | | | 美丽的家 | 艺术、社会 |
| | | | 孔融让梨 | 语言、社会 |

| 年龄 | 主题单元名称 | 主题内容与要求 | 艺术欣赏课程内容 | 重点领域 |
|---|---|---|---|---|
| | 我在马路边 | 1. 观察马路上的各种车辆，尝试按某一特征进行归类。<br>2. 了解交通设施，并有兴趣识别马路边的标记、数字及其含义，初步了解车辆与人们的关系，并理解和遵守交通规则。 | 和画家吉田胜走在街道上 | 艺术、社会 |
| | | | 王之涣《登鹳雀楼》 | 语言、艺术、社会 |
| | 交通工具 | 1. 观察了解火车、飞机、轮船，体会它们给人们带来的方便。<br>2. 了解乘坐不同交通工具的简单常识和规则，并学着遵守。 | 格子画 | 艺术、社会 |
| | | | 贺知章《回乡偶书》 | 语言、社会 |
| | 在秋天里 | 1. 感知秋天的季节特征，观察各种动植物的变化。<br>2. 了解秋季人们如何收获，乐意参加各种收获活动，体验丰收的喜悦。 | 秋天的色彩 | 语言、艺术、社会 |
| | | | 李白《望庐山瀑布》 | 语言、艺术、社会 |
| | | | 雨天使 | 语言、社会、科学 |
| | 好吃的食物 | 1. 了解几种常见的食物，逐渐喜欢吃各种食物。<br>2. 通过认识食物的种类和营养成分，增进选择健康食物的能力。<br>3. 培养卫生习惯与餐桌礼仪，培养饮食习惯与态度。 | 梨子提琴 | 艺术、社会 |
| | | | 四个苹果 | 语言、社会、科学 |
| | 在动物园 | 1. 观察了解不同动物的外形，关注它们不同的特征并比较异同。<br>2. 愿意运用多种方式表达自己对动物的喜爱。 | 李白《早发白帝城》 | 语言、艺术、社会 |
| | | | 狮王进行曲 | 艺术、语言、社会 |
| | | | 啤酒桶和小老鼠 | 艺术、社会 |
| | 在农场里 | 1. 观察比较，了解家禽与家畜不同的外形特征和生活习性。 | 花仙子 | 语言、社会 |

续表

| 年龄 | 主题单元名称 | 主题内容与要求 | 艺术欣赏课程内容 | 重点领域 |
|---|---|---|---|---|
| | | 2. 喜欢动物,有兴趣了解家禽、家畜和人们生活的关系。 | 花仙子 | 语言、社会 |
| | 寒冷的冬天 | 1. 关注冬季各种自然现象,了解动植物不同的过冬方式。<br>2. 喜欢参加各种有趣的冬季活动,体验人们抵御寒冷的各种方法。 | 达·芬奇《蒙娜丽莎》 | 艺术、社会 |
| | | | 调皮的太阳 | 艺术、社会 |
| | | | 水仙花 | 艺术、语言、科学 |
| | | | 我的朋友好好吃 | 语言、社会 |
| 中班（下） | 幼儿园里朋友多 | 1. 关注同伴,乐于与同伴友好交往,体验与老师、同伴共处的快乐。<br>2. 了解自己是集体中的一员,形成初步的合作意识、规则意识和任务意识。 | 秋秋找妈妈 | 语言、社会 |
| | | | 孟郊《游子吟》 | 语言、社会 |
| | | | 桃树下的小白兔 | 语言、艺术、健康 |
| | | | 城里最漂亮的巨人 | 语言、艺术、社会 |
| | 春天来了 | 1. 了解春天的主要季节特性,知道春天是一个美的季节,喜欢春天。<br>2. 在表现春天的活动中,发展动手能力和创造能力。<br>3. 观察、探索、发现春天的各种动物、植物以及人们的变化的秘密。 | 梵高《向日葵》 | 艺术、社会 |
| | | | 睡莲、葵花、鸡冠花 | 艺术、科学 |
| | | | 莫奈《睡莲》 | 艺术、科学、社会 |
| | | | 贺知章《咏柳》 | 语言、科学、社会 |
| | | | 彩虹色的花 | 语言、艺术、社会 |
| | 在动物园里 | 1. 进一步观察了解不同动物的外形,关注它们不同的特征并比较异同。<br>2. 愿意运用多种方式表达自己对动物的喜爱。 | 齐白石《墨虾》 | 艺术、语言、社会 |
| | | | 杜甫《绝句》（一） | 语言、艺术、社会 |
| | | | 杜甫《绝句》（二） | 语言、艺术、社会 |
| | | | 动物炫彩画 | 艺术、社会 |

续表

| 年龄 | 主题单元名称 | 主题内容与要求 | 艺术欣赏课程内容 | 重点领域 |
|---|---|---|---|---|
| | 在农场里 | 1. 进一步观察了解并比较家禽与家畜不同的外形特征和生活习性。<br>2. 喜欢动物,对家禽、家畜和人们生活的关系有更深的了解。 | 耳朵上的绿星星 | 语言、艺术、科学 |
| | | | 小岛上的精灵 | 艺术、语言、社会 |
| | | | 风筝、蝴蝶 | 艺术、语言 |
| | | | 赛马 | 艺术、科学 |
| | | | 路边的大石头 | 语言、社会 |
| | 水真有用 | 1. 感知人们的生活离不开水,初步理解人人都要爱惜水的道理。<br>2. 尝试用实验、比较、记录等方法,感知水的特征。 | 白居易《池上》 | 语言、艺术、社会 |
| | | | 奇怪的雨伞 | 语言、艺术、社会 |
| | | | 杜牧《清明》 | 语言、社会 |
| | | | 人之家 | 语言、艺术、 |
| | 火辣辣的夏天 | 1. 观察夏季的各种自然现象,体验夏季是一个炎热的季节。<br>2. 了解动植物如何适应季节的变化,以及人们常用的防暑降温方法。 | 克里姆特《公园》 | 艺术、语言、社会 |
| | | | 修拉《大碗岛的星期天下午》 | 艺术、社会 |
| | | | 巡逻兵进行曲 | 艺术、语言 |

## 三、大班

大班幼儿的个性特征有了较明显的表现,最为突出的是其自我意识的发展。他们的自理能力和劳动能力明显提高,合作意识和规则意识显著增强。他们爱学、好问,有极强的求知欲望,能初步理解周围世界中比较隐蔽的因果关系,能够根据周围事物的属性进行概括和分类。他们在活动时更有目的性和计划性。因而,我们针对大班儿童开展了更多的探究活动,比如"有趣的水""我们的城市"等(详见表3-3)。

表3-3　　大班主题"醇美欣赏"活动

| 年龄 | 主题单元名称 | 主题内容与要求 | 艺术欣赏课程内容 | 重点领域 |
|---|---|---|---|---|
| 大班（上） | 有趣的水 | 1. 观察大自然中的水,探究和发现水的不同来源和特性。<br>2. 乐于动手动脑探究水的变化,了解它的各种特性,获得有关的经验。<br>3. 体会人们的生活离不开水,乐意关心周围的水环境,爱护水资源,节约用水。 | 张继《枫桥夜泊》 | 语言、社会 |
| | | | 刘禹锡《望洞庭》 | 语言、社会 |
| | | | 倒影中的脸 | 艺术、社会 |
| | | | 齐白石《芙蓉小鱼》 | 艺术、社会 |
| | | | 水乡蓝花布 | 艺术、社会 |
| | 我是中国人 | 1. 了解我国的名胜古迹,为自己是一名中国人而感到骄傲。<br>2. 了解我国的首都是北京,萌发热爱祖国的情感。 | 草原小牧民 | 艺术、科学、社会 |
| | | | 牧童短笛 | 艺术、科学、社会 |
| | | | 元稹《菊花》 | 语言、社会 |
| | | | 王安石《梅花》 | 语言、社会 |
| | | | 柳宗元《江雪》 | 语言、艺术、社会 |
| | | | 嫦娥奔月 | 语言、艺术、社会 |
| | | | 青铜器 | 艺术、社会 |
| | | | 《梁祝》 | 艺术、社会 |
| | 我们的城市 | 1. 观察周围不同的建筑,了解它们的特征及与人们生活的关系。<br>2. 体会城市建设的不断变化,了解各种新鲜事物,感受我们家乡越来越美丽。<br>3. 参观各种商店和服务设施,了解人们如何进行交往。 | 会爬的豆子 | 语言、艺术、社会 |
| | | | 阿丹和阿布 | 语言、艺术、社会 |
| | | | 米莱《盲女》 | 艺术、社会 |
| | | | 美丽的花 | 艺术、社会 |
| | | | 音乐中的公园 | 艺术、社会 |

| 年龄 | 主题单元名称 | 主题内容与要求 | 艺术欣赏课程内容 | 重点领域 |
|---|---|---|---|---|
| 大班<br>（下） | 动物大世界 | 1. 了解常见动物不同的特点及其与周围环境的关系,有进一步探索动物生活习性的愿望。<br>2. 对动物奇特的现象和特殊本领感到好奇,体验探索动物世界的乐趣。<br>3. 了解人类可以从动物的一些特征中获得启发,进行发明创造。<br>4. 了解动物是人类的朋友,知道我们应该保护它们。 | 卢梭《睡着的吉普赛姑娘》 | 艺术、社会 |
| | | | 米勒《小鸟的哺饲》 | 艺术、社会 |
| | | | 美丽的村庄 | 艺术、社会 |
| | | | 群虾 | 艺术、社会 |
| | | | 美丽的火烈鸟 | 艺术、社会 |
| | 我自己 | 1. 了解自己的身体变化,知道自己长大了,懂得活动能使身体更加灵活,有初步的自我保护意识。<br>2. 能大胆地用不同方式表达自己的情绪,知道自己是集体中的一员,体验和大家做朋友的乐趣。<br>3. 学习用多种方法并尝试进行测量,知道自己身高等方面的变化,并乐意和同伴进行比较。 | 微笑 | 语言、艺术、社会 |
| | | | 我,喜欢我自己 | 语言、社会 |
| | | | 有那么一天 | 语言、社会 |
| | | | 毕加索《梦》 | 艺术、语言、社会 |
| | | | 毕加索《镜前少女》 | 艺术、语言、科学 |
| | 有用的植物 | 1. 关心周围与我们一起生活的花草树木,了解一些种植植物的方法。<br>2. 感受我们的生活离不开植物,要爱护植物,愿做小小护绿员。<br>3. 区别蔬菜的不同品种,知道更多蔬菜的品种。<br>4. 了解有些植物具有保健、治病的作用。 | 梅花 | 艺术、社会 |
| | | | 牧童短笛 | 艺术、社会 |
| | | | 杜甫《江畔独步寻花》 | 语言、艺术、社会 |
| | | | 王维《田园乐》 | 语言、艺术、社会 |
| | | | 花儿向着大家笑 | 艺术、社会 |
| | 我们的城市 | 1. 关心周围生活的变化,为我们的生活越过越美好而感到高兴。<br>2. 有了解自己身边各种新事物的兴趣,乐于主动搜集新的信息。 | 吴作人《熊猫竹石图》 | 艺术、科学、社会 |
| | | | 孔雀舞 | 艺术、科学、社会 |

| 年龄 | 主题单元名称 | 主题内容与要求 | 艺术欣赏课程内容 | 重点领域 |
|---|---|---|---|---|
| | | | 张若虚《春江花月夜》 | 艺术、社会 |
| | | | 天鹅湖 | 艺术、社会 |
| | 我要上小学（我的小书包、参观小学） | 1. 了解、熟悉如何爱护和正确地使用学习用品。<br>2. 逐步习惯独立整理和保管好自己的用品。 | 流浪的云 | 语言、艺术、社会 |
| | | | 音乐之声 | 艺术、社会 |
| | | | 钱鹤滩《明日歌》 | 语言、社会 |
| | 我要上小学（小课堂、毕业时刻） | 1. 初步了解小学生的学习与活动，向往当个小学生。<br>2. 模拟小学生的生活，初步感受小学生的学习活动。<br>3. 体会自己已经长大，并以愉快的心情迎接毕业。 | 李白《赠汪伦》 | 语言、社会 |
| | | | 阿丹和阿布 | 语言、社会 |
| | | | 爱心树 | 语言、社会 |
| | | | 友谊天长地久 | 艺术、语言 |

　　总之，西幼"醇美课程"是面向全体幼儿，促进幼儿发展的课程。西幼美育课程的实施路径与上海市学前教育新课程是一致的，交织了生活、运动、学习、游戏四种课程形态，关注幼儿多方面基本经验的积累和感受。通过基本课程实施，促进幼儿情感、态度、认知、能力全面和谐地提高与发展。

　　生活方面旨在让幼儿在真实的生活情景中自主、自觉地发展各种生活自理能力，形成健康的生活习惯和交往行为，在共同生活中能够愉快、安全、健康成长；主要有生活自理、交往礼仪、自我保护、环境卫生、生活规则等方面的活动内容。运动方面旨在提高幼儿身体素质、心理素质，为幼儿的健康体质奠定基础；主要有幼儿体操、游戏、律动、自选器械运动、自然因素锻炼等内容。学习方面旨在激发幼儿主动探索、积极体验情感，使幼儿在认知能力和态度情感上不断进步，为后续学习打下基础；主要有幼儿品德、语言、阅读听赏、社会常识、自然常识、数概念、美术制作、艺术活动、社区活动等内容，通过各年龄的主题网络开展。游戏方面旨在满足幼儿自主自发的需要，让幼儿在游戏中体验情感、分享合作、获得愉快、发展想象力与创造力；主要有幼儿自发的本体游戏、结构游戏、扮演游戏、区角活动和自由活动等内容。

我们对四种形态的课程的时间比例进行合理的安排，促进不同年龄段儿童的成长发育。结合小、中、大班幼儿发展特点，共同性课程以生活、运动和游戏活动为主，同时辅以适量的学习活动和选择性课程。

# 第四章

# 美育课程的评价探索

　　美教给人识别恶，并与之进行斗争。我想说，美是一种心灵的体操——它使我们的精神正直、良心纯洁、情感和信念端正。美是一面镜子，你在这面镜子里可以照见你自己，从而对自己采取这样或那样的态度。

——苏霍姆林斯基

## 第一节

# 谋求生长：幼儿成长的评价

幼儿的发展是课程质量监察和管理的最终目的，幼儿园的一切教育行为都以幼儿发展为本。我们的课程评价无论从哪个切入口展开，最终都要回归到幼儿发展上面。只有教师专业素养提高了，才能为幼儿提供高质量的教育。只有课程质量提高了，幼儿才能成为最终受益者，幼儿享受高质量、高品质的教育的需求才能获得满足。

在全园内实施体系化的"醇美课程"之后，我园幼儿不仅获得了丰富多彩的课程体验，同时在社会交往、生活习惯、语言表达等方面的能力均得到了长足的发展。针对幼儿的评价，西幼构建了完整的《幼儿身体健康评价》与《西街幼儿园发展评价表》（见表4-1），在课程实施中围绕"自主性、社会性、创造性表达、探究性体验"对幼儿开展过程性评价。教师在观察幼儿活动的过程中，以支持者的角色参与幼儿活动，根据6大观察领域、30个观察视角、3个观察水平，坚持记录幼儿的学习故事，从多种角度去解读孩子，让孩子在尝试中获得快乐与成功。

表4-1　西街幼儿园发展评价表

| 自主性 | 指幼儿可以在做出选择、计划和决定的过程中激发自主意识。 | 自主选择 | 社会性 | 指幼儿主动寻求与他人的互动，逐渐形成人际交往的基本技能。 | 成人互动 |
|---|---|---|---|---|---|
| | | 解决问题 | | | 同伴互动 |
| | | 参与游戏 | | | 解决矛盾 |
| | | 自理能力 | | | 情绪管理 |
| 创造性表达 | 指幼儿可以用各种方式传递内心想法。 | 建构游戏 | 探究性体验 | 指幼儿在数、量、图形、空间、逻辑关系等方面获得能力，获得自主探索的能力，通过各类体验活动获得经验与认知发展。 | 寻找规律 |
| | | 绘画活动 | | | 知道特征 |
| | | 音乐律动 | | | 简单计数 |
| | | 语言表达 | | | 认识自然 |

下面从定向观察和定点观察两个角度与大家分享西幼教师在活动室中对幼儿的观察案例。

### (一) 定向观察了解幼儿

定向观察指对幼儿进行纵向观察,跟踪幼儿的变化,明确观察的价值点所在,并根据幼儿的需要给予回应,在多次观察情境中支持幼儿不同的创作表现。

---
**案　例**
---

"生活创想 DIY 天地"活动室中的两个小伙伴

**背景:**

乐乐与悠悠进入了活动室,选择了剪纸区。

**第一次观察:**

幼儿发现问题:"怎么只有一张黑卡纸纸啊?"教师回答:"对呀,今天请你们两人就在一张纸上创作剪贴画。"刚开始他们只是各自剪了各种图形,教师问:"今天你们的主题是什么? 这些图形表示什么意思?"乐乐说:"我们要放烟花,国庆节看烟花。"悠悠听了也点点头。"那剪下的这些图形可以拼成什么?"乐乐说:"可以拼房子,晚上了,房子里的人也在看烟花。"他们又找了细纸条,把纸条剪成一小段一小段,做成空中的烟花。

**识别:**

在解决问题的水平上乐乐高于悠悠,他们喜欢通过动作、语言对成人提出求助。

**回应:**

教师只需要引发他们一起思考。

**第二次观察:**

这次游戏一开始,他们就说要一起剪贴"妈妈画像"。悠悠先将"妈妈的脸"贴在纸上,又拿了蓝色的纸说:"我给妈妈戴眼镜。"乐乐就说:"你给妈妈戴眼镜,我给妈妈做头发。"乐乐用红色的纸剪头发,又说:"老师,你帮我把头发变细好吗?"老师说:"好呀,我们一起试试吧。"于是乐乐剪出了自己想要的细头发。乐乐发现悠悠贴的头发都是向上翘的,说:"头发也有垂下来的。"

图4-1 活动展示

识别:

在第二次进行活动中,幼儿互动合作能力比前一次有所提升,不用教师引导,会自己商量、讨论,分工合作自主推进活动开展;同时,与材料的互动能力变强了,对作品的表达中也能提出自己的想法。

回应:

教师对于同一组幼儿、同一个游戏主题的观察主要以定向观察为主,以辅助者的角色参与活动,尊重幼儿,客观地解读幼儿,让他们在尝试中获得共同合作的快乐与成功。

(二) 定点观察了解幼儿

定点观察指在一个活动点,同时观察几个幼儿。同样的活动内容,不同的幼儿呈现出不同的行为表现。在群体背景中,通过横向比较的观察方法,教师能更好地了解孩子的个体特征。

# 案　例

百变转盘

图4-2　活动展示

识别：

豆豆和船长能共同商量并合作完成作品。豆豆更有主见，能自主选择活动内容、制定活动计划，"自主性"指标达到了5级。教师提供了"轮轴转盘"，这份材料激发了孩子们的游戏兴趣，通过观察与初步的操作，他们发现了轮轴转盘和手动转盘的异同，迁移了玩手动转盘的原有经验。在创作过程中，孩子们会发现许多问题，如纸张的摆放问题、颜料的浓稠问题等，豆豆和船长在不断尝试中运用自己和同伴的生活经验一起合作解决问题，共同合作完成作品，感受到"离心力"的物理现象，也体验到与同伴共同创作的乐趣。两人的"合作性"指标达到了5级。

回应：

孩子们的创意是无限的，教师针对不同发展水平孩子的特点来进行引导和支持。大班孩子的合作意识较强，教师引发孩子间的互动学习。活动中教师主要以观察为主，运用西幼"艺术体验"发展评价指标，发现已提供的材料不足以支持幼儿生成的活动时及时丰富材料，创设自由、宽松的游戏环境，放手让幼儿大胆探索。

通过几次的探索创造后，孩子们已经不拘泥于用画纸作画，他们会提出用不同的材料,如在纸灯笼、扇子等物品上作画。幼儿将已有的国画经验迁移到创作中,创意想象,再现国画大写意的艺术魅力。

观察:

欣欣和萱萱一起讨论后,将国画材料拿到了轮轴转盘区开始创作。欣欣负责绘画,萱萱负责转动。初次尝试后,两人决定加入更多的色彩,用执笔绘画和甩笔的方式进行创作。两个女孩讨论了绘画内容后进行添画,给作品取名为《鱼趣》,还合作将转盘画制作成旗袍,配上自己绘制的小伞和团扇在小舞台上走秀。

识别:

欣欣和萱萱两个女孩的互动能力很强,也具有较强的艺术表现和创造能力,将转盘画融入生活 DIY 中,在活动中感受传统艺术,对创作表现出浓厚的兴趣。

回应:

教师在活动中引发幼儿思考,激发他们在探索中大胆验证,去发现一些常见的物理现象和常见物质、材料的特性。教师只在孩子们需要帮助时给予支持,在尊重的基础上,让孩子们的创想得以实现,让孩子们在自主、自由的环境下不断发展,变得更自信、更自主。

教师如何从多角度去解读儿童,尝试针对不同阶段、不同内容、不同环境中的个体有重点地进行观察和引导,特别是当教师看到孩子的需要和兴趣后,如何有效支持与推进幼儿的学习品质发展,以下四点很关键:

① 倾听与鼓励:保护孩子的好奇。

② 帮助与等待:引导孩子主动探索并按照自己的节奏和方式学习。

③ 参与与记录:和孩子一起讨论、发现与思考。

④ 认同与接纳:和孩子分享学习带来的感受。

"醇美教育"理念融入课程实施后,通过对儿童发展的评价,我们发现美育课程确实促进了幼儿的全面发展。具体表现为以下几个方面。

**（一）提高了幼儿的审美能力的发展**

西幼"醇美课程"旨在潜移默化地培养幼儿的审美情趣和审美能力，为了解"醇美课程"对幼儿审美能力的重要性，我园于2019年对全园305名幼儿开展了"醇美课程"有效性的评价；其中，小班幼儿99人，中班幼儿101人，大班幼儿105人。在秋季学期开始前后，分别测试得到了幼儿审美感知力、审美想象力、审美情感力、审美理解力和审美创造力的数据。前后测数据的变化显示"醇美课程"能够有效提高幼儿的审美能力（见图4-3）。

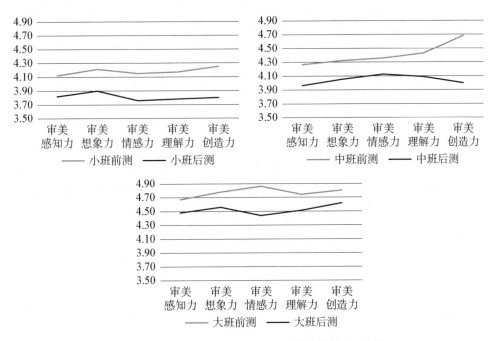

图4-3 2019年小、中、大班幼儿审美能力前后测分数

**（二）促进了幼儿的生活自理能力**

"醇美课程"让幼儿感受到了美的生活体验，让幼儿回归生活，在生活中实践和探索，体验成功的快乐，感受自然与纯粹，并形成热爱生活、享受生活的美好态度。通过对西幼2018级105名幼儿的三年跟踪调查，发现"醇美课程"实施后，养成良好进餐、洗手、午睡、喝水生活习惯的幼儿人数呈现不断增加趋势（见图4-4），在大班毕业时，几乎所有幼儿都养成了良好的生活自理能力。

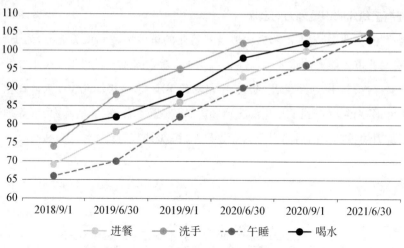

图 4-4　2018 级幼儿生活自理能力三年追踪调查

### （三）培养了幼儿知礼雅量的品性

"醇美课程"结合国学浸润、培养西幼的孩子们懂得知礼雅量。我园从衣、食、住、行四个方面，对 2018 级 105 名幼儿进行了为期三年的跟踪调查。调查结果显示，在三年中，学会优雅进餐、整理衣物、安静入眠、遵守秩序和礼貌问好的人数不断增加，见图 4-5。

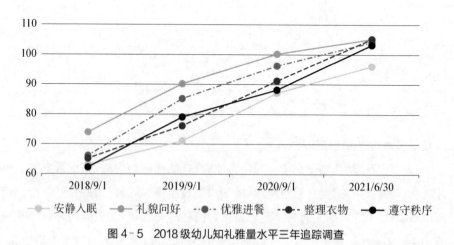

图 4-5　2018 级幼儿知礼雅量水平三年追踪调查

此外,我们还开展体验活动观察实录、测试评估、教师与幼儿进行个别面谈和问卷调查,最后将初步分析结果与访谈结果综合起来,评价者获得一系列所需的资料并对其深入分析,将结论归纳在表,开展过程性评价的实践研究。同样的活动内容,不同的幼儿呈现出不同的行为表现,在群体背景中,教师应关注儿童的活动态度和个体风格。儿童是完整的个体,其发展不仅需要认知经验背景的支持,同时受自身心理特质和社会性品质的影响,与个体的情感、兴趣、渴望、意志相联系,是个体多元素的系统运转过程;快乐健康的情绪、积极活动的态度、敢于面对困难的意志、探究发现的渴望是儿童成长过程中不可或缺的重要元素。因此,我们力求去解读儿童的活动态度和个体风格,对一个幼儿、一种材料或一个游戏主题持续一段时间的固定观察,并常常依托群体背景,通过横向比较的观察方法,更好地了解孩子的个体特征,以提供有效的教育对策。我们努力从多种角度去解读孩子,尝试有选择地、灵活地进行观察和引导。在研究实践中追求的不仅是对儿童的解读、对我们教育行为的反思、对教育策略的思考,更多的是建构对儿童教育新的理解和新的理念。

## 第二节

# 聚焦"四力":教师发展的评价

教师不仅是课程的组织实施者、课程的开发研究者,也是课程质量的评价与监察者,在提升课程质量的过程中具有特殊的地位和重要性。实施教师专业发展评价不是为了奖惩,而是为教师提供一个平台,为教师自我审视提供一些支持,为教师自我成长提供一种监管。将教师专业发展评价作为教师自我发展和成长的工具,为教师所用,让教师成为评价的主体,从而在专业发展上有所提升。只有教师掌握了课程实施的要点,知道自己如何在专业上获得发展,才有可能使每日每时每刻都在发生的课程实施的质量得到提高,使课程实施更加有效。

我园研磨"四力评价指标",形成教师考评制度,从课程的思想力、设计力、执行力、评价力对教师提出了不同的要求。我们以《幼儿园，课程领导力在生长》书中的"班级层面课程领导力评价指标"为蓝本，基于西幼"醇美教师"对"四力指标"园本化的需求，研发"醇美教师""四力"指标评价工具（见表4-2），指标从原来的三个水平等级细化到五个水平等级，增加了西幼"醇美教师"的特质。表格中对关键词进行了注释，便于教师评价时精准理解。在指标的研磨过程中，我们全园教师卷入，自上而下、自下而上，来回推敲、研讨。全园教师分组讨论"醇美教师"的评价指标并能积极质疑、汇总，再通过教师讨论逐字逐句进行研磨，每一个要求、每一级表现水平的解读都反复斟酌，力求将"醇美教师"的发展指标清晰地让每一位教师了解，并能指引老师前行。经过多轮领导力核心组、全园教师卷入研讨，西幼"醇美教师"评价指标正式形成，并利用信息化平台方便教师在课程中进行及时的评价，这使课程评价在西幼的操作性更强。同时，西幼教师每月记录幼儿成长故事、建立分层教师成长手册等，这些都构建了西幼"醇美"评价机制，以研雅趣，助力西幼四雅"醇美教师"成长，推动西幼"醇美儿童"发展。

表4-2　　西街幼儿园"醇美教师"课程领导力"四力"指标评价工具（部分）

| 一级指标 | K1 课程思想力 | | | |
| --- | --- | --- | --- | --- |
| 二级指标 | K11 思想前瞻 | | K12 愿景认同 | |
| 三级指标 | 111 课程"以幼儿发展为本" | 112"一日生活皆课程" | 121 课程目标的确立与表述 | 122 课程愿景的认同与文化 |
| 水平等级描述 | 表现水平1级<br><br>班级课程和活动以教师为中心，缺乏课程支持，缺乏对"醇美教师"必备的课程学识水平的支持，缺乏促进幼儿发展的纯粹认识[①]和淳朴的教育行为[②]。 | 教师关注某些规定和活动的落实，忽视另一些活动或一日活动中教育机会的创设与随机指导，也忽视了幼儿的淳朴学习体验。 | 教师对本班级课程如何与幼儿园的课程愿景、目标建立联系不明确，对班级自身的课程目标缺乏设想，只能按部就班。 | 班级的课程愿景和目标由主班教师或者部分成人提出，教师不表述，其他人不参与、不理解。 |
| | 表现水平3级<br><br>班级课程和活动依据幼儿的年龄特点，具有课程支持，支持"醇美教师"必 | 教师认识到各类活动对幼儿发展的价值，并能主动在各类活动中提供适宜 | 教师有对班级幼儿的发展期望，或者对班级如何理解幼儿园的课程愿景和 | 教师知道并理解幼儿园的课程愿景、目标和本班级的课程目标，能够表述 |

续表

| | | | | | |
|---|---|---|---|---|---|
| | | 备的课程学识水平，能满足幼儿的一般共性发展需求，对班级大部分幼儿的发展具有积极促进作用。 | 的机会与指导。 | 目标有设想，并能大致表述清楚。 | 出本园或本班级的课程期望对自己实施课程的指导意义。 |
| | 表现水平5级 | 班级课程与各类活动以支持和促进班级每一位幼儿的发展为导向，积极关注和接纳幼儿间的差异，帮助每一位幼儿拥有愉快和积极的自己所需的"醇美"探索学习的体验，关注幼儿的素养、能力、态度等的长远发展。 | 教师完全认同"一日生活皆课程"的理念，并在活动中有意识地发挥不同活动的价值，关注不同活动中幼儿的多方面发展及美好的各类体验感受，关注活动的整合实施的质量。 | 班级拥有明确的课程期望与设想，具体清晰且美好淳朴，具有说服力，能用雅言雅观③的方式被教师、保育员、家长，甚至幼儿理解、接受并喜欢。 | 班级的课程愿景与目标由教师、保育员、家长、幼儿等参与讨论、共同提出，与幼儿园的课程愿景和目标有密切关联，并扎实地表现在班级的日常课程实践和环境、制度中。 |
| 信息来源和采集方式示例 | 文本 | 查阅班级保教、周/日计划、活动设计、幼儿成长档案等，关注教师的幼儿主体意识和行为。查阅教师的日常教育教学反思，了解其对支持与促进幼儿发展的认识。 | 查阅班级保教计划和周/日计划，了解教师对各类活动的安排。 | 查阅班级的学期工作计划中对课程目标的确立与分析。 | 查阅班级保教计划和活动安排，了解其与目标的关系。 |
| | 现场观察 | 观察教师在活动中如何了解幼儿，并基于幼儿实际情况有针对性地支持幼儿。 | 观察来园、用餐、盥洗、点心、过渡等环节，了解教师创设教育机会并给予指导的情况。 | 了解教师在保教活动中的指导行为与课程目标的关系。 | 在观察一日活动过程中关注班级保教人员对班级课程愿景和目标的落实程度。 |

| | | | | |
|---|---|---|---|---|
| **访谈** | 访谈教师：在主题活动开展前，您怎么了解和分析班级幼儿可能的需求？您在各类活动中如何关注不同幼儿个体在发展上的差异，又是如何支持的？ | 访谈教师：请您谈谈午睡、盥洗、用餐环节中可能的教育机会，举例介绍您的做法。 | 访谈教师：请谈谈您对幼儿园的课程愿景和目标的认识与理解。请谈谈您是怎样与保育员、家长合作的。 | 访谈保育员及家长：您知道并理解班级教师对幼儿的发展期望吗？您认为这样的期望怎么样？ |

注：

① 纯粹认识：指回归孩子的、最本真的、不凭主观意识判断的认识。

② 淳朴的教育行为：指尊重孩子的、真实的教育行为，如"顺天性，任自然"、倾听、等待、认同等。

③ 雅言雅观：温和有礼的语言，文雅的举止行为。

水清若空，是一种美感与清纯；酒品纯良，是一种力量与审美；上善若水，是对境界无限的遐想与品味；酒力遒劲，是对生命力量的坚持与韵润。

西幼"醇美教师"团队的建设，是对教师"美"的特质的集成，载着醇厚、醇真、醇香、醇味、醇和之美，慢慢品，微微醺。一路走来，"醇美教师"基于儿童视角，还原教学质朴无华的本色。让教师的醇美变成一种特质、一种品质、一种态度。下面，将浅谈"四力"评价的四个指标（思想力、设计力、执行力和评价力）与教师发展的关系。

## 一、思想力：做有思想的教师

我园从顶层设计出发，重建以"儿童视角为主"的课程价值体系，通过教研组团队共建、大小教研联动、教师班本化课程的自主实践，全面转变教师"以教为主"的价值认同体系，形成"以幼儿自主探究为主"的课程理念，完成课程愿景、目标认同的再构建。在重新审视儿童观这一过程中，教师意识到儿童不再是成人意义上的儿童，而是让儿童成为儿童自己。这挑战的是教师的固有行为和思维，教师必须打破成人的眼光去看待孩子的思维，让孩子成为孩子。当然有挑战更有机遇，机遇是：在重塑儿童观的背景下,教师会变得更会观察幼儿,能够捕捉到日常生活中的价值点,还能够学会更好地思考,解读孩子行为背后的真正需求。我们要继续重塑教师自身的儿童观,以儿童为立场,通过他们的眼睛看世界,这样我们才能"理解并接纳、信任并赋权、读懂再支持"儿童,让儿童做真正的主人。

课程是教育的载体,有什么样的教育需求就有什么样的课程意识。我园教师的反思能力逐渐增强,这是教师自发形成的需要,也是教师教学过程的一种内省活动,是提升思想力的有效途径。教师主要反思了以下内容:

一是反思课程理念。在基础性课程和园本特色课程的实施中,教师在每一次活动后,会及时反思教学资源、教学方法的选择是否都符合课程培养目标,会对内容、材料做进一步的思考和调整,以课程价值为导向,不断优化教学策略,为课程目标服务。

二是反思幼儿发展。幼儿的发展,是检验教学目标、活动价值的最有利依据。在"醇美课程"开展的大背景下,反思自己的教学行为是否符合幼儿的认知水平和经验,反思幼儿是否有所收获并得到发展,已经内化为教师个人的内省需求,变成教师自然而然的行动指南。

三是反思活动效果。在每一次的半日活动、公开活动、体验活动中,活动效果和价值是教师始终追求的重要一环。活动环境、材料的适宜性,师幼互动的节奏,幼儿主体地位的体现,课堂气氛的融洽,教学效果的品质,等等,都是教师反思、内省的核心元素。

在打造"醇美教师"的团队文化中,教师从理念到实践,渐渐形成了"反思—教学—再反思—再教学"的教学链条,将自己的教育理念、儿童观、教学行为和策略提到一个新的高度;同时,在上下联动一体化的过程中,更清晰地利用横向和纵向对自己进行比较、反思,不断碰撞出新的想法和实践行动,在反思中调整,在内省中成长。

## 二、设计力:做有准备的教师

课程资源是指课程要素的来源以及实施课程的必要条件,其作用于课程,但不是形成课程本身的直接来源,它在很大程度上决定着课程的实施范围和水平。而教学素材、教师、幼儿以及家长、社区资源等是构成我们的课程资源的几个基本维度。其中,教师是课程资源的核心,是重要的课程资源。

教学素材是我们教师和幼儿共有的课程资源，是教师教学的依据。教材本身是静态的课程资源，对于3—6岁的幼儿，需要经过教师精心设计和实施，将静态的课程资源转化为动态的课程资源，以此来达到教学目标。

教师决定着课程资源的开发和利用。教师应有强烈的课程资源开发意识，面对各种资源时需要考虑它对幼儿的发展有什么价值和意义，怎样才能把它的内涵挖掘出来服务于幼儿。缺乏了这些意识，即使身边存在大量的课程素材，教师可能也会"发现不了"。

教师通过认真研究教材，不断挖掘教材，寻找教材的知识结构、教材价值、教育内容的内涵和外延，删减整合教材内容，使得课程素材更符合幼儿的年龄特点和时代感。同时，在利用课程资源的过程中，教师又通过创设环境、提供材料，寓教无痕地将幼儿带入良好的学习探索氛围中。在我园的体验课程之一"小小广播站"中，教师思考活动价值，思考幼儿的哪些能力得到发展，利用幼儿园环境资源、各班家长资源，为幼儿创设探索、发现、表达的舞台。除此之外，教师还会主动查访幼儿兴趣，研究幼儿的学习方式，将收集到的各种信息资源整合加工，推动"小小广播站"的发展。

教师本身也是课程资源的载体。教师把教学素材这一静态的资源内容通过自身语言、动作传递给幼儿，引发幼儿探索、合作学习，在这个过程中，教师、幼儿、素材环境都是课程资源的重要组成部分。教师本身的教学风格也是课程资源的源泉。教师本身的文化学识、生活阅历、艺术素养都会潜藏在和幼儿们的互动之中，潜移默化地对幼儿的发展造成影响。

课程构建中聚焦课程设计力，西幼教师在课程设计中需思考这几点：既要符合幼儿园"醇美课程"内容，还要符合幼儿的生活经验，适合幼儿的现有水平，又有一定的挑战性；既要符合幼儿的现实需要，又有利于其长远发展；既要贴近幼儿的生活，选择幼儿感兴趣的事物和问题，又要有助于拓展幼儿的经验和视野。

### 三、执行力：做与幼儿同生长的教师

很多人都会问：孩子跟我们大人的思想又不一样，如何共生长呢？其实不然，或许很多人没注意到，当我们与孩子共处一天，就已经是在和孩子共生长了。那么作为一名幼儿教师，我们应该如何更好地和孩子共生长呢？

以前我们总是思考我们要给孩子什么,而现在我们更多的是去思考幼儿需要什么,一切教育行为都以幼儿的全面发展及需求为基础。作为"醇美"艺术特色的幼儿园,我们将"认同孩子眼中的美"作为我们共同的愿景;同时,在对课程特色的创新中促进教师的专业发展。这就是我们所说的共生长。然而,对于教师来说,思想力的改变最终还是要落实到真正的教育行为上,也就是我们说的执行力。

幼儿教师的课程执行能力具体包括三方面的能力。第一是课程理解力,要求教师正确解读教材、准确定位目标、明确价值判断,也就是要教师明确"教什么?学什么?为什么要学?"。第二是课程运作能力,要求教师能适时呈现情境、适宜调整策略、适度提升经验,也就是教师要明确"什么时机学?什么方法学?学到什么程度?"。第三是课程创生能力,要求教师能捕捉关键事件、探寻支持策略、满足发展需求。

如何提升教师的执行力呢?

一是做出维护幼儿发展的课程选择。幼儿园中"一日活动皆课程",教师无时无刻不在面临选择。主动的教师会在幼儿园课程理念和目标的指引下,每天做出"关乎幼儿发展"的大大小小的若干选择。可以说,这些大大小小的选择长年累月地积累,不仅呈现了教师的课程实施倾向和特征,同时也塑造了教师对幼儿、对课程的认识。幼儿园课程与其他学段不同,没有既定的学习内容,而是需要教师根据班级幼儿的特点和发展需求,创造性地选择和组合一个个的活动。这对广大教师来说都是专业能力上极大的挑战与成长。

二是开展近距离师幼互动与指导。在提升幼儿园教师课程领导力的视野下,师幼互动彰显了教师和幼儿两个课程主体之间地位和关系的实质,是课程思想力、课程执行力的显著体现。师幼互动的品质体现在真实的互动过程之中,教师要善于去发现互动的方式、互动的话题和内容、互动的效果,而不要仅仅关注"上课时的提问和解答"。和幼儿通过深入互动建立的关系,将有效支撑教师开展课程,影响课程的长远效果。同时,教师要通过课程支持幼儿的发展,就需要提升对专业的掌握和运用。精准解读幼儿的表现,开展有针对性的发展指导,就是幼儿教师高度专业化的体现。

三是让幼儿活动需求合理化。幼儿园"一日生活皆课程",它不仅是说教师要将课程有机地嵌入幼儿在园的一日生活,而且指教师要积极认可幼儿的日常生活对幼儿发展的价值,幼儿的经历与活动就是课程。幼儿园课程必须面对幼儿的生活,基于幼儿的需求,才能满足并真正推动幼儿的发展。幼儿园课程的产生形式主要是预设和生成。生成指教师发现并接纳幼儿合理的需求,将那些与幼儿园课程目标一致的需求转化为课程内容的来源,顺应幼儿的兴趣和能力,让课程从目标到内容、实施方式都更满足幼儿的主动感知、探索体验和表达。这对教师在专业能力上的挑战也是巨大的。

## 四、评价力:做能读懂幼儿的教师

幼儿园课程实施离不开教师的课程评价。作为课程实施的主体,教师的课程评价能力关系到课程实施质量,甚至影响到幼儿园课程改革的效果和课程育人目标的实现。

教师课程评价是指教师对课程理解、课程实施以及课程效果进行价值判断的活动和过程。在课程领导力背景下,作为"醇美教师",我们更需要提高教师的课程评价力,充分利用课程评价智慧,发挥教师课程评价作用,并作用于"醇美课程"方案的迭代与优化。如何增加教师评价力,做个能读懂幼儿的教师呢?

一是主体参与,在评价中增强课程自觉与自信。评价的"尾巴"控制着课程"身体"的动作方向。因此,教师必须加强自己的课程意识,自觉参与课程评价,形成课程评价思维,提升课程评价的主体意识。这有助于促进教师在全局上领会"醇美课程"的核心理念,认同其价值取向,增强其育人价值的实践自觉。"课程的实施者和参与者,应该被赋予参与评价准则和标准制定、实施评价并获知评价结果、基于评价过程和结果进行对话与反思、决定自己是否进行基于评价开展调整的权利。""醇美课程"的开发与实施,为"醇美教师"的课程评价提供了广阔的空间和丰富的契机。首先,西幼"醇美教师"需要履行好评价的权力,相信自己不仅能成为课程的理解者和创生者,更能成为课程的评价者。其次,在课程评价过程中"醇美教师"用实践促进"醇美课程"评价更为全面和真实,使课程评价体系不断完善。课程的设计、执行和评价基于教师对幼儿活动的观察。在实施课程中,教师的能力水平有差异,在课程实施中怎样观察幼儿、记录幼儿哪些行为、如何进行案例分析,都影响教师对幼儿活动的推动和支持。

在课程实践过程中,"醇美教师"需不断加强对上海市出台的幼儿发展指标以及本园的"醇美幼儿"发展评价指标的学习,发挥理论的指导和引领作用;还要加强课程现场的研究,不断提高自己的观察解读能力、课程价值的判断与反思能力、课程方案的设计与策划能力、评价结果的交流与表达能力。从幼儿园课程管理方面来说,课程组要不断厘清各类"醇美活动"涉及的核心经验和相关经验，便于教师分析幼儿行为涉及的经验水平，完善课程评价细则，让"醇美课程"评价体系成为提升教师课程评价力的重要依托。

二是导向明确，在实施中追寻评价路径。教师对课程的评价主要聚焦于课程内容、实施效果、幼儿发展等。教师在进行课程评价过程中切忌主观随意。我园参照《上海市学前教育课程指南》中教师教育行为的评价标准，形成教师发展评价指标和幼儿发展评价指标，引导教师基于对西幼课程评价体系的认识和理解，站在课程实践立场上思考并对"醇美课程"深度学习，进一步形成价值认同。

我们以问题为导向，借助教师自评、互评、行政评价、家长评价，以及教师自己对课程现场的观察和反思等多元评价形式，对课程实施的现状进行批判性分析，从而调整并改进课程实施。如在"小木匠"体验活动中，经过四年不断改进，教师自身的理念在不断改进：从一开始认为在这个活动室中孩子只能制作一把简单的梯子、桌子，到现在的"猫咪冰箱""森林树屋"等富有创造力、综合性的项目成果。正是不断运用档案评估、观察实录、视频记录、作品呈现等多种评价形式，把评价统整成学习历程的一部分，使课程优化完善。现在孩子们能够将活动跨领域整合，以项目的形式开展合作。

三是改进有效，在评价中促进课程优化。评价是课程实施的终点，又是课程实施的起点。提升课程评价力，是为了以此为依据提升重构教育行为的力量。在"小小探索家"课程中，我们不断审视活动中的现状和问题，观察分析幼儿的活动现场，一路调整，从理念到实施、从内容设计到教师支持都有着翻天覆地的突破和改变，这些也对优化幼儿园课程实施方案起到一定的推进作用。幼儿的深度体验和学习需要一个过程，尤其对探究体验活动来说更是如此，幼儿必定经历"熟悉环境与材料"——"体验中感知生疑，初步确定自己的探究方向或主题"——"通过实践操作，分析问题、探讨问题、解决问题"——"迁移经验，进行创造"这几个阶段。教师为了让幼儿在体验活动中不只是为了"做"而做，首先要筛选活动内容，挖掘活动深度，让幼儿通过自发的直接感知、亲身体验、实际操作，自主建构科学知识经验，激发对周围世界和科学的探究兴趣，培养初步的科学探究能力、创造力及逻辑思维能力，从而发现自然界、生活中不同的美。

课程是幼儿园的灵魂和文化积淀，作为西幼"醇美四雅"教师，我们必须提升自我的课程领导力，做一名有准备的"醇美教师"，具体体现于课程思想力上是思想前瞻和愿景认同，于课程设计力上是聚焦目标和过程可行，于课程执行力上是实施推动和专业支持，于课程评价力上是主题参与、导向明确、改进有效。有准备的"醇美教师"在不断学习和反思中，将这样的责任化作推动课程实践的动力。

总之，在课程理念的转变下，教师的思想、行为、方式都发生了天翻地覆的变化。我们深深地感受到：提升课程思想力，不是"技"的选择，而是"道"的遵循；提升课程设计力，应指向幼儿成长的"执行"和"开发"；提升课程执行力，目的是"实现"幼儿快乐玩、有效学；提升课程评价力，是为了以此增强重建教学行为的力量。

在不断思考课程与幼儿培养目标之间的联系，不断尝试不同教育行为对幼儿发展的影响中，以"辨识—更迭—联结"为周期的过程化反思路径，将使我们的教师向优化专业发展的道路上不断前进。

## 第 三 节

## 多元整合：幼儿园课程的评价

幼儿园课程制度是幼儿园全体成员共同遵守的，有效促进幼儿园课程的规划、开发、实施、评价与管理等的一系列价值规范和行为准则，是幼儿园达成育人目标，规范、引导和促进学校课程建设与实施的一整套规则体系。《上海市学前教育课程指南》指出"幼儿园课程评价的过程是对课程建设进行正确导向，促进幼儿园课程园本化的过程，是教师运用专业知识对教育实践分析、调整的过程，也是促进幼儿富有个性发展的过程"。

西幼"醇美课程"评价能实现对本园课程实施情况的导向、监控，确保课程实施的过程和效果与本园课程实施方案确定的目标、原则的一致性，确保幼儿园课程的科学性、有效性。积极主动地开展幼儿园课程评价，有助于提升幼儿园相关人员的保教质量意识与主动行为，持续地保证幼儿园的保教质量达到标准；有利于提升教师实施课程的专业能力；有助于落实幼儿健康和谐发展的目标，使幼儿发展得到持续的关注与推动；有助于不断提升课程本身的结构、内容的品质和成效。

"醇美课程"的评价从每学年、每学期、每月三个维度进行。

每学年，幼儿园每位教职员工运用《幼儿园管理与课程评价指南》6 个质量领域和 26 个子领域，聚焦关系幼儿园质量的核心要素，进行发展阶段水平评价。每学期，众人《园长行政观察记录》《幼儿体质健康评价》《幼儿发展形成性评价》《幼儿发展的成长档案》《班级课程实施方案及实施调整的回馈》等了解课程实施情况、幼儿身心发展的水平、教师发展的水平；通过《教师分层评价手册》《幼儿保教工作成效或研究成果奖项申报表》了解教师对自身工作的评价；通过《幼儿园、班级家委会的信息回馈》《家长问卷表》了解家长的需求与困惑。每月，大家通过《个别儿童的跟踪记录》《教师游戏观察记录》《教师备课》《游戏活动及教学活动现场评价》《教师一日活动观察记录》等分析课程实施中的问题与难点。每月一次的评价表和网上家园互动评价以自评、组长评的形式，从基础课程（生活、游戏、学习、运动）到西幼各项大活动、特色活动，以自评为起点，鼓励教师自我结合日常课程设计与实施工作进行过程性评价、诊断，发现幼儿园课程设置与实施的不足，及时反馈与调整，使评价具有正确引领的导向作用，体现促进、改善与发展的作用和功能。

图 4-5　幼儿活动一览

以多途径收集评价信息，吸纳多元主体参与幼儿园课程评价，除班级教师外，还包括其他教师、教研组长、家长等。西幼每次在家长开放活动、童话剧巡演、美食品尝会等大活动后，都会借助网络平台，借助"问卷星""孩子通"让家长及时填写评价表和建议表；相关负责老师会进行梳理并及时反馈给老师，为下次活动提供及时的调整改进策略。同时，在收集多方反馈数据后，教师也积极思考哪些课程指标内容适宜哪些评价主体参与，以力求评价的科学性。

幼儿园课程评价的范围广泛、内容众多，评价时要注意多种方法相结合。比如通过书面资料的呈现（各类计划、观察记录、月记等）体现幼儿园课程的发展过程与发展轨迹，教研组长及时批阅、标注修改建议，教师能关注标红并进行调整；又比如领导层从日常状态活动的定点、定向观察记录中，了解到一线教师在活动中的日常状况，在评价中领导扮演的角色并不是审判者，而是专业的助推者、策略的点拨者，这样的评价不仅客观，而且能更好地助力教师成长。

# 第五章

# 美育课程的制度建构

审美发展和道德发展是密切联系的。对于美的欣赏可以使人变得高尚起来。美能唤起人的善良感情,如同情心、忠诚、爱、温柔等。感情会在人的行为中成为一种积极作用的力量。

——赞科夫

# 第一节

# 立场：适合本园的课程制度

我园始终关注课程愿景、课程理念、课程目标的构建，强调课程领导的主体是多元的，与幼儿园课程相关的园长、教师、幼儿、家长、社区人员等都可以参与其中。西幼的美育课程制度与机制为"醇美课程"的建设提供了坚实的基础。

幼儿园课程建设管理和推进机制，为幼儿园课程建设提供价值引领、激发创新活力、搭建协作平台，在提升幼儿园课程建设品质、促进学校内涵发展方面起着决定性作用。幼儿园课程实施质量保障机制，一定程度上可保证课程实践中所体现的各要素科学、合理、规范，如目标、内容、组织实施方法及评价等，以促进幼儿的和谐发展，帮助幼儿园形成有课程实施质量的保障机制。因此，如何围绕本园课程特色建立保障机制是我们在课程实施过程中需要不断思考的问题。

基于问题解决的幼儿园课程建设，首先要回答好"如何育人"的问题：以促进每位幼儿和谐、有个性地发展为目标，积极回应社会和时代发展对人才培养的需要，推进幼儿园育人蓝图的系统设计和整体落实。幼儿园课程建设是学校基于自身办学目标、育人理念和幼儿发展需要，整体规划和建构学校课程体系、提升课程品质的过程。价值取向的确立是幼儿园建设课程制度的核心问题。课程制度是一种以规约的形式表征的、学校管理者和全体教师所共同具有的集体课程意识，其生成必须体现对学校教育人才培养的文化影响力。然而盘活课程制度，让课程制度发挥作用、趋近目标，需要一套动态运行的课程机制。适合本园的课程建设机制，要体现以下三方面。

## （一）幼儿园课程建设机制应体现"价值优先"

课程建设机制的价值性是其作为学校文化内核的重要标志。教师需要理解具体课程的性质、实质价值与功能，形成合理的课程本质观和课程价值观；在明确幼儿园课程建设核心目标的基础上，引导幼儿园课程建设从局部用力走向整体统筹，从重视课程开发数量转向提升课程品质,从单一学科走向核心素养目标引领下的学科融合和育人机制创新。

### (二) 幼儿园课程建设机制应体现"理念先行"

每所幼儿园由于所处地域及原有基础水平的不同,都有自己相对应的课程理念与课程特色,在具体开展课程实施方案的更新与完善过程中,要立足改进本园的课程实施的大方向,不宜就事论事,要将这一工作置于幼儿园课程发展的需要及课程理念的背景之下,处理好整体课程结构与实施的问题、性质与方向。如我园"创意童话剧"活动方案的编制与完善,绝不仅仅是表演内容的选择与教授,而是在活动实施方案的更新与完善中充分体现"醇美课程"的核心理念,并与其他板块活动内容有机统整,与其他板块活动实施有机联系,既做到课程结构的平衡,又体现课程实施的园本化特色。课程建设机制背后所隐藏的是课程教学理念和管理理念,课程建设机制对教师和管理者的文化影响在于使他们理性地接受、认同和顺应制度背后的理念成分,发挥课程制度对教师的专业引领作用。尽管课程机制不直接解释和分析课程观、教学观、学生观、发展观、资源观、评价观、管理观等基本理念,但这些理念的清晰和明确程度,直接影响着课程机制的合理性程度。

### (三) 幼儿园课程建设机制应体现"和谐民主"

学校是办学育人的主体,学校课程建设既是学校的权利,也是学校的责任,更是学校发展的关键。课程机制建设中的等级观念、强制观念,都不利于发挥制度的民主精神和人文性。一味地强调"刚性制度",将有损教师在教育过程中的创造性和艺术性。因此,幼儿园课程机制建设在提出课程实施基本规范的同时,要关注教师的创造性,合理地处理或消解制度本身固有的等级性和强制性局限。如何使课程制度具有积极意义,消解消极作用,在很大程度上取决于课程制度生成过程中的民主性程度,取决于教师在课程制度生成中的参与程度。

# 第二节

# 向度：体现本园特色的课程制度

幼儿园课程制度建设有助于促进幼儿园课程的特色化，有利于幼儿园教师课程领导力的提升，从而推动幼儿自由全面发展。幼儿园课程制度是幼儿园课程价值观转化为幼儿园课程主体的课程行为方式和行为习惯的中介，因此，幼儿园课程理念要成为教师普遍的课程行为方式，必须重视学校课程制度的力量。课程理念表达的是应然的"课程应该如何"的价值观，要使这些课程价值理念转化为课程实践者的行动和行为方式，就要思考需要怎样的幼儿园课程制度来保障实施，也就是从哪些幼儿园课程制度建设维度出发构建体现本园的个性特点和课程特色。

## 一、价值向度

价值向度是指在价值层面的幼儿园课程制度建设，是幼儿园为保证实现课程价值而建立的基本价值规范。如何从价值向度出发构建体现本园特色的课程制度呢？

### (一) 彰显幼儿园特色的课程规划制度

幼儿园课程规划制度就是关于如何对幼儿园课程进行整体设计的制度，是幼儿园课程共同体为了达成本园整体发展规划的要求，基于对本园发展历史、课程发展历程、优势及传统的清晰认识，持续不断地对本园课程进行整体设计与安排。

幼儿园课程规划制度不仅涵盖了课程类型、组织形式、课程内容、课程设置与安排、一日活动作息等，还涉及从课程目标的确立到课程资源的开发、从课程内容的实施到课程内容的评价和管理，课程运作的一系列环节都囊括在课程规划制度之中。可以说，幼儿园课程规划就是对课程领导力背景下幼儿园课程实践所勾画的蓝图，而幼儿园课程规划制度就是对勾画的理念、方法、过程、结果反馈的规范。

我园首先确立了相对完善的幼儿园课程规划制度，从内容、过程和方法等方面做出了相应的规定。

一是建立幼儿园课程发展愿景。基于我园"醇美教育"的教育哲学、"施之以美,涵之以情"的办园理念、"四爱四有"的育人目标,进一步明确了我园的课程特色是全面的、深度的审美教育,即用美的手段培育美的人的教育,确立了"让儿童生活在美的世界里"的长远幼儿园课程愿景。

二是整体设计幼儿园课程方案。幼儿园课程发展愿景阐明和体现幼儿园课程规划的内容,能够明确和保证幼儿园课程规划的长远性发展。在此之后,就是考虑幼儿园课程方案的整体设计,以书面文本形式确定下来的幼儿园课程体系的纲领性文件,是幼儿园课程规划实施的前提和依据,并直接决定了幼儿园课程规划的质量和实施水平。

三是完善课程领导体系。首先,我们成立了幼儿园课程规划组织机构。完善的组织机构是制定高质量幼儿园课程方案的基本保障,它不仅是制定幼儿园课程方案的各项工作的组织者,还是一个交流对话的平台。其次,建立课程建设推进小组。小组由各年级组长、教研组长及成员构建而成,主要工作是:落实幼儿园课程规划中各阶段工作目标和课程建设培养目标;根据幼儿园课程建设规划的总体要求,突出不同年龄层次、不同领域特点、不同班级文化的课程建设实施特色,创造性地开展工作;积极组织和开展幼儿园课程建设的研讨和培训,承担幼儿园课程建设与实施的交流展示活动、实践案例研究等。最后,成立"醇美课程"领导小组,并制定相关的工作制度,建立起幼儿园教育教学、教育科研、师资培训、幼儿园文化建设等多方面联动机制,共同推进"醇美课程"规划的贯彻落实。

## (二) 凸显理念与目标的课程开发、实施、评价的规范

"理念是制度所体现出来的价值判断和目标定位,不同理念引导下的制度就会体现出不同的性质。"学校课程制度与学校的办学理念、课程理念和价值追求有着密切关联。学校课程制度要在理念的引导之下,对课程的开发、实施、评价与管理等做出价值选择与定位,形成一定的逻辑规范。

首先,我园在梳理幼儿园历史发展轨迹、幼儿园课程发展历程的过程中,提出了积极践行"醇美教育"的理念,明确了"全面渗透审美教育,关注幼儿个性成长"办学特色,为此在培育"醇美教师"上提出了"雅言、雅观、雅量、雅趣"的特质。因此,在课程实施

与评价、教师专业发展等方面,西幼构建了相应的"醇美教师"培养及考评制度、"醇美教师""四力"指标等,从不同维度要求教师在课程开发、实施等过程中体现"四雅",让每个儿童在"醇美教师"的言传身教下获得美的感受与体验,成为生活在美的世界里的"醇儿童"。

其次,学校的课程制度应该为课程目标的整体实现提供制度保障和制度规范。建立基于完善的学校课程实施与课程开发的目标体系的课程制度,能让教师更具有课程意识,为学校课程实施和课程开发行为提供价值规范与目标导引。

西幼将"四爱四有"育人目标,进行合理的纵向、横向分解,形成有机对接的课程目标体系,并相应形成《"醇美课程"开发与管理制度》,让积极参与课程开发与实施的全体教师有据可依、有理可循。

### (三) 基于课程特色的课程管理与研究制度

我园转变课程管理观念,重组组织机构,下移管理重心,赋予年级组与专项组更多的自主决策权,充分激发一线教师的积极性、参与性和创造性。

一是运用项目管理制度。基于"醇美课程"的研究与实施,西幼成立课程项目组,制定《项目团队研修制度》等,将管理和研究的自主权交给项目负责人以及团队,打破年级、领域等边界,加强项目组与年级组、各领域之间的交流与对话。

二是推行"自主—双向"选择制度。在"醇美课程"开发与选择上,充分发挥教师、幼儿的自主权。在教师层面,教师可以根据自己的兴趣爱好、个人特长选择"醇美课程"中擅长的领域或项目开展课程内容的开发、实施与研究。在课题研究方面,教师能自主申报、自由结伴;课程内容开发结果是否会被幼儿园采用、课题立项成功与否基于《课程开发与管理制度》《科研课题申报、立项制度》等规定,并由幼儿园课程领导小组和课题研究小组研判。在幼儿层面,对于"醇美"体验活动内容的选择基于幼儿的自主招募,打破班级限制,让幼儿获得更多体验的机会和发展的可能。

三是挖掘育人渠道。本着"走出去,请进来"的思路,让幼儿园课程走进家庭、走进社区。西幼邀请家长和社区参与幼儿园课程开发和管理,制定《家长志愿者服务制度》《幼儿园与社区互动制度》等,挖掘家庭、社会资源,丰富"醇美课程"。如在"醇美体验"的"中国功夫"中,邀请武术爷爷和活动负责老师共同策划体验活动,让幼儿的体验更为真实,将中国传统文化的"精髓"完美传承。又如引入虹口区青少年活动中心"指南针"计划,让活动中心老师助力"醇美课程",提升"醇美教师"的艺术素养和专业发展。

## 二、组织向度

组织向度主要是指组织层面的学校课程制度建设,集中反映学校全体成员对学校课程制度正当性和权威性是否认可与支持。这一层面的学校课程制度更需要体现出学校的特点;同时,只有更具专业性的课程制度才能真正为学校的课程建设提供引导和支持。如何从组织向度出发,构建体现本园特色的课程制度呢?

### (一) 推进课程迭代的课程资源开发制度

"学校课程资源开发制度是指在学校时空范围内形成的要求参与学校课程资源开发的有关人员共同遵守的程序、步骤和规范体系,包括课程资源开发的组织机构、资金投入保障制度、教师培训制度、课程资源管理及共享制度等。"幼儿园应根据幼儿园课程现状,审视课程资源使用效益,围绕课程需求建立相应的课程资源开发与利用的制度与机制。

我园园本课程经历了三个发展阶段,积淀了丰富的课程文化,在第三轮课程领导力研究项目中,课程进入了课程改革的攻坚阶段,我们更聚焦于"醇美课程"内容与设置的优化、"醇美课程"资源的盘整。基于当下的课程现状,西幼编写了《课程开发审议制度》《课程资源库建设与管理制度》《信息共享管理制度》《课程评估和反馈制度》,不断通过开发、审议、实施、评估、反馈来更新完善"醇美课程"。

### (二) 以课程为核心的教师团队培养制度

学校课程制度不是对课程开发及教师实施行为的刚性约束,而是一种使课程实施富有价值的行为导引。它建立在相对完善的课程价值观基础上,通过制定基本规范引导教师培养模式、教师教育行为、课程决策与开发。教师是幼儿园课程推进的主要领导者和执行者,以教育价值观为理念基础、以课程为核心定制教师团队培养模式及其行动策略是幼儿园课程制度中不可或缺的一部分。

我园以共同愿景为前提、以专业发展为目标、以人文情感为纽带构建教师团队的培

养制度,凝聚"醇美团队"文化建设保障机制(如图5-1),为西幼打造一支具有"醇美"特
质——雅言、雅观、雅量、雅趣——的课程领导团队,其核心价值在于凝聚"人"的工程。

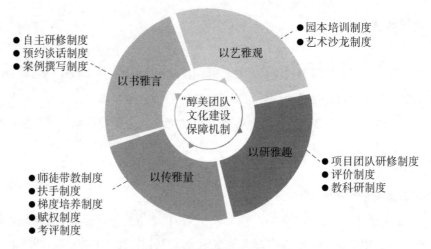

图5-1 "醇美团队"文化建设保障机制

### (三) 聚焦课程问题的园本教研制度

"园本教研制度是以幼儿园为基地,以教师为主体,以课程实施过程中所面临的各
种具体问题为对象的实践性教学研究制度。"在幼儿园课程规划发展阶段,幼儿园应厘
清当下课程瓶颈,聚焦真实问题,制定相匹配的园本教研制度,以盘活教师资源,凸显
本园课程的价值取向。

一是构建网格教研组织架构。西幼联动教师个体,发挥不同群体的作用,让有能
力的教师引领辐射、让有经验的教师出谋划策、让信心不足的教师有所依靠,实现各种
教师资源的"盘活",建构"园级、年级、班级"的网格教研组织架构,并结合不同类别的
"课题组""特色组""项目体验组""青年组"共同进行教研,让更多的组长发挥辐射作
用,同时也为每一位教师提供交流分享的机会,促进西幼的青年教师、成熟型教师、骨
干教师、学科带头人等不同层级的教师都不断地自我成长。

二是创新园本教研模式。我园主要针对"醇美教师"的内涵和行动进行突破,在实
践中提升"醇美教师"的课程领导力。为提高园本教研实效,加强教师深度对话的能
力,培养"四雅"特质,我园提供互动、对话平台,改变组长"一言堂"现状,优化《西幼教

研制度》，补充园本教研的多种模式——小组讨论集中分享式、问题辩论式等，并细化教研实施细则，从"组长定教研主题"转化为"组员发起课程实践问题"，从"组室之间割裂教研"转变为"主动邀约共享参与"，从"一致认同声中找突破"转变为"质疑声中激发自省共寻解决之法"……从而构建自下而上的教研新气象，持续推动我园课程领导力的提升。

三是营造合力前行的教研氛围。教师的课程领导力离不开组内成员或者组室之间的相互作用、相互影响。其中，组长的课程领导力有助于引领教师寻求课程建设的价值取向，有助于规范教师在实践中的教育行为，促使其逐渐形成课程行为自觉，有助于指导教师逐步形成落实于行动的课程力量；组员的课程领导力有助于点燃教师自身内部主动生长的本能与激情，有助于在经验传递、脑力激荡、质疑反思过程中开启教师领导课程的智慧之门，有助于在反复的"实践——反思""互学——互动"过程中持续提升教师课程领导力。

通过多种形式调动组内成员之间、组室与组室之间共同分享探讨、群体合作，让教师在亲历问题的过程中寻找课程的生长点，在亲历解决过程中看到自己作为教师生长的"力"。

## 三、实践向度

实践向度主要是指实践层面的学校课程制度建设，学校课程制度应是具体的、现实可行的。"学校课程制度应依据学校现实基础制定，不能超越学校发展阶段而使得制度所要求和规定的内容无法实现，即学校课程制度应具有可实现性；其次，它能有效地规范、引导学校共同体的课程活动，因此学校课程制度可为学校共同体成员提供切实可行的指导和支持，即学校课程制度应具有可操作性。"如何从实践向度构建体现本园特色的课程制度呢？

### （一）体现个性化发展的课程实施制度

课程实施就是将课程计划付诸实践的过程。课程实施制度是保障课程有序进行的重要制度。为保证幼儿园课程实施的顺利进行，幼儿园需根据本园课程设置建立一套完善的课程实施细则，包括各年龄段基础课程、特色课程、专项活动等的内容、安排、作息等。我园为实现"全面渗透审美课程，关注幼儿个性发展"办园特色，探索构建了分组活动模式，为教师能够针对不同幼儿进行个性化培育提供支撑。

幼儿园"一日活动皆课程"，集体活动、游戏活动、个别化学习活动等也都是幼儿园课程实施的途径，影响着幼儿园课程实施的效果。因此，幼儿园必须建立和完善基于幼儿园各类活动实施的制度，除了日常班主任工作制度和家长工作制度，还应根据个性化的课程特色匹配相应的制度与指引。

### （二）信息技术助力的课程监控和评价制度

幼儿园课程质量监控和评估是幼儿园质量管理的重要手段，在幼儿园课程系统中有着重要的作用，幼儿园课程行动的最终落脚点就是进行合力的幼儿园课程评价。为保障幼儿园课程改革有效开展，必须重视并建立相应的幼儿园课程评价制度。从幼儿园一日保教活动操作实际来审视现有的幼儿园评价标准中的不足入手，结合幼儿园实际，运用信息技术融合推进幼儿园课程评价制度的完善，以实现幼儿园课程监控和评价的可操作性和实效性。

我园在课程实施过程中深刻认识到建立并完善保教质量评价系统，完善优化《课程监测小组工作制度》《幼儿发展情况评估制度》《教师发展的分析与评价管理制度》《课程实施质量分析与反馈制度》等，形成幼儿园课程质量监控与评价的机制，以全面推进和深化幼儿园的课程改革的重要性。我园坚持促进信息技术与保教活动质量评估的融合，优化保教质量评估的流程，促进办园管理方式的转型，提升教师专业发展的效能。

为了全面管理园所保教工作，园长引领西幼团队从一日保教课程实施质量评价、教师阶段性发展评价和幼儿发展评价三方面开发了西幼保教管理工具，教师在使用评价工具后会积累较为丰富的评价数据。定期汇总评价数据，包括一日活动的四大板块、园所体验活动的实施情况，不同梯队教师在阶段性评价中的得分情况，以及幼儿的个体发展变化。这些图表都将帮助园长及行政管理者全面掌握园所课程实施的质量及教师发展的情况。借助信息化评价工具形成的我园教育评价体系，体现了评价对象和内容的全面性，同时也对课程实施、教师专业发展等方面起到了积极的推动。

第 三 节

# 赋权：让教师参与课程制度的优化

先进的课程理念在实践中的贯彻必然以先进的课程制度为保障。因此,要保证幼儿园课程创生的质量,除了需要国家和地方赋予幼儿园充分的课程决策权之外,还需要幼儿园自身从管理制度层面给予相应的规约和激励。园所的课程制度在优化的过程中要让教师参与进来,不能再是刻板的任务式驱动,而要改变教师参与制度优化的核心内驱力。

要使教师这一课程领导力主力军成为主动参与课程制度的优化者,首先要厘清课程制度与一线教师的关系。一线教师的各项工作都是在制度保障基础上开展和衍生的,但是制度不应是条条框框的束缚,而是保证日常教育工作有效开展的重要导向。因此,制度的优化不仅是为了提高课程实施质量,从而更快、更好地达成幼儿园共同的愿景,更重要的是具备与时俱进的适宜性、有迹可循的反观意义,从而保证课程的生命力。因此一线教师的实践经验及思考想法起着关键性的作用。教师既是制度的执行者,又是制度的检验者。要让教师参与课程制度优化,首先我们要关注的是如何让教师主动积极地参与。让教师成为课程制度优化的先行者、主人翁,才能有效推进课程制度优化,激活课程践行机制。

## 一、以赋权教师为中心,优化课程制度

### (一) 转变教师课程身份,为教师参与课程改革赋权

随着对幼儿园课程主体角色认知的变化,幼儿园课程制度也不断发展。幼儿园需不断完善课程制度,明确教师课程权力界限和行为,和教师共同构建课程权力运行和分配机制,从而加强教师的专业自主权,增加课程放权力度,确保教师课程权力运用的充分性和连续性。

教师的课程身份,是指教师在课程中的地位、角色及相应的权利与行为规范等,取

决于课程改革的制度设计。首先,在幼儿园的课程制度中,应明确教师的课程身份,为教师参与课程开发赋权。其次,要增强教师课程身份的自我认同。在当前的基础教育课程改革中,教师扮演的角色越来越重要,教师在课程规划、课程实施和课程评价等方面都发挥着重要作用,教师的角色不再是知识的搬运工,也不只是课程的执行者,而是课程的领导者和开发者。教师课程身份的转变,让教师学会从课程的观点出发来分析所遇到的教学问题,让教师学会运用课程理论来处理教学设计,让教师学会运用课程开发的技能来创造性地开发课程资源。因此,通过组织教师参加课程理论学习与幼儿园课程开发实践活动,让教师感受到由此带来的积极变化,其课程身份认同将逐步加强,从而积极参与幼儿园的课程改革工作。

### (二) 参与园本课程开发,提供教师自主性场域

园本课程是以教师为主体,充分利用本园的优势资源,意在更好地促进幼儿个性化发展而开发的课程体系。幼儿园应转变课程管理模式,对不同层级的教师进行合理的授权,形成一种平等的组织关系,加强各层级人员的对话交流,提升教师对于课程设计、实施、评价等的主动性和创造性,使教师有权力参与到幼儿园课程事务中。

如在"醇美体验"活动中,转变以往的课程作息,给予教师"弹性时空",形成弹性课程作息制度,根据不同活动室内容、幼儿活动情况合理安排活动次数与时间。如"醇美探究"活动,内容结构较低,探索性、创造性较强,可以给予幼儿充分的探索和体验时间,促进幼儿深度学习。又如"醇美生活"组,采取组内联动,让孩子体验不同的节气美食、中式糕点、西方点心,对于孩子来说是对"食物"的深度探究,但是不局限于具体某个活动室,活动周期不以次数做限定,可以根据幼儿的兴趣需求、探索轨迹延续到一个学期。

### (三) 课程理念浸润,形成教师课程共同体

强化教师课程意识,提高教师课程能力是建构课程共同体的根本。通过各种形式、各层级的教师培训、社团活动等增强教师的课程主体意识、反思与探究意识、合作意识,让老师们从"课程文化唤醒"升华到"课程理念浸润"。

西幼为了让青年教师迅速成为课程领导者,组建"醇美"项目团队,不断实践反思、研磨学习。在团队支持的研修氛围下,青年教师在投入研修和持续实践中获得成长的

快乐。教师不仅仅是个体的课程策划者和执行者,更是课程架构与实施的引导者和评价者。在以幼儿为主体进行内容选择、方案设计、课程实践的过程中,将课程理念转变成实际的课程行为,并借此丰富完善自身的知识结构,敢于进行课程制度优化的尝试和行使。教师要想真正成为课程的主体,必须"抱团取暖",通过分享与共同协作,形成课程共同体,对各自参与关注的课程问题进行深入研讨,共同发展驾驭课程的专业能力,实现教师课程实施效能的最大化。"盘活资源,合众之力",促进不同梯度的教师自我成长,实现各种教师资源的"盘活"是课程制度优化的重要命题。

## 二、以问题解决为导向,建立课程践行机制

我园已经构建了较为完善、富有特色的"醇美"艺术欣赏课程和"醇美"体验活动课程框架,体验活动课程内容分为四大类("醇美生活""醇美艺术""醇美运动""醇美探究"),但如何将艺术融合到整个体验课程中,教师在课程实施过程中的操作与把握还是比较模糊的。基于课程实施的现有问题,我园建立与课程理念相适应的课程机制,奏响"三部曲",从而有效推进课程实施。

首先,引导教师敢"思",引导教师善于思考,是提升整个团队的核心能力的关键因素。教师在卷入课程优化的过程中,不断学习,不断尝试,积累了大量的实证。例如教师在常规工作中对自身工作的反思与调整通过计划及书面笔记的方式记录下来,但幼师这一职业的工作往往是烦琐的,细微的工作常使教师缺少精力与时间进行有效的反观和思考,反思往往流于表面。而我园的"一课一研"的机制,帮助教师对自身的教学执教活动有了多维的思考与团队的参考。同时,"推门课"的机制也让教师对自身一日活动的各个环节有了多视角的审视与思考。仅仅是行政人员的逐一看课,效能较低,而我园的"师徒带教"制度用师徒结对的方式促进教师在各个维度的深度交流与沟通,形式轻松,时间、地点灵活,内容广泛且深入,更重要的是将反思与调整意见的实践者及观察者的范围增广,有效解决了比例问题,从而更好地达到预期效能。

其次,让教师敢"说",把自己的所思所想表达出来。例如教师可以通过树洞这样的形式,用小纸条与小信件吐露自己的心声,不仅是问题的反馈,更是情感的疏解又或是通过教代会的形式,分层讨论,通过小组的形式提炼共性问题,再逐层传达,自下而上地展现团队现状。

最后，鼓励教师敢"做"，通过问题的反馈，给予教师一定的空间与时间去尝试解决问题。例如我园的提案式机制，由教师提出想法或是改进方案，通过小组内的投票来确立方案的必要性和可操作性。可以由负责老师及相关团队给出优化的方案细节，并邀请行政人员参与方案实践，通过真实的实践效果与反思优化，共同决定方案是否通过，从而优化课程制度。

第六章

# 美育课程的教师成长

　　美育是学生全面发展的一个不可缺少的部分,它的本质在于理解自然和社会的美,理解人与人的相互关系的美,在于以艺术眼光来认识周围现实,也在于培养艺术上的美的创造力。

　　　　　　　　　　　　　　　　　　　　——凯洛夫

# 第 一 节

# "醇美教师" 养成记

在"醇美体验"专项教研中，青年教师顾老师说出自己的纠结心理，在设计"竹竿舞"体验活动时，如果重在舞蹈，基本动作少不了教师的教授和指导，教师的位置就会非常主动和靠前。如果重在体验，教师位置靠后，幼儿自己感知体验，最终会无法呈现一个完整的作品，舞蹈的审美之感也不那么显著。如何把握教师与幼儿在活动中的主体关系成了青年教师的难题。成熟教师肖老师设计并执教了一节中班美术欣赏活动"玩具小人在跳舞"，其中设计巧妙的现场师幼互动让幼儿深入浅出地欣赏保罗克利的画作，并基于自己的理解想象进行创作表现，活动得到了许多专家、老师的认可。但是同样的教案给到新教师执教，出现了教师的提问与回应照教案按部就班，不能针对现场幼儿的反馈进行灵活的应对，在创作表现过程中教师的指导缺乏针对性等问题。

以上片段让我们陷入深思：如何进一步完善"醇美课程"的建设，加强课程顶层的系统设计，梳理提升课程品质，建立适宜的课程制度和机制，提供激励性、支撑性的教师课程实践平台和氛围，有效激发和维护每一位教师的课程主体性？我们奏响"三部曲"，将各块面制度联动，构建与幼儿园课程发展需要相匹配的教师专业发展机制，进行"健全审美教育人格"的教育，推进项目实施。

**第一步：社团与论坛双管齐下"立思想"**

为提升西幼教师的课程思想前瞻性，西幼开展素养社团及西幼论坛，将"四爱四有"与"醇美教育"课程育人目标的共同愿景有效内化于西幼教师的头脑和行动中。以"醇美教师"为保障，构建分层教师专业发展机制，增强各梯度教师的课程主体意识、反思与探究意识、合作意识，让教师从"课程文化唤醒"升华到"课程理念浸润"。

一是立青年教师思想之根。青年教师是幼儿园里最有生机、最有活力的团队，而对于"90后"的她们来说，如何摆脱原先的稚嫩而独立自主、如何建立正能量的职业认同感、如何提升"醇美教师"人文素养,成为需要关注的问题。为此,我们组织丰富多彩的社团活动,在轻松的互动中拉近彼此距离。如结合我们的"醇美课程"带教师参观美术展、聆听音乐剧、去书店阅读书籍、开展音乐沙龙、开展书画社活动……离开了紧张的工作场所,大家在放松的状态下赏析艺术大师的作品,提升"醇美教师"艺术人文素养,产生将文化融入幼儿教育的意识。以问题解决为导向,建立"后茶馆式"的访谈机制。茶余饭后,青年教师们利用碎片时间向成熟教师畅聊心声:在课程实施过程中,如何认同孩子眼中的艺术美? 成熟教师敞开心扉聊对孩子发现、探索、表现美的观察、解读和回应方法。非正式的教研形式,给教师提供了一个宽松的体验对话、议论的平台,活动现场的真实问题被逐一击破。

我们将从教0—6年的青年教师聚集在一起形成了青年组团队,进行分层研训。从教0—2年的新教师结合区见习教师培训进行23个微课程构成的系统性三大类课程培训:师德素养课程、保教实践课程、班主任课程。从教3—6年的青年教师浸润西幼的特色课程,结合自身的特长选择菜单式的专项培训组,进行本体专业知识的学习,找到专业发展的最近发展区:我在哪儿,要去哪儿? 如书画沙龙组、思维研训组、美术特色组这些极具操作性和专业性的研训小组为青年教师指引了方向,青年教师在团队中畅所欲言、集思广益、创新拓展,充分发挥了他们的主观能动性,调动了他们的内在驱动力,为后续工作提供了实用的参考。

二是把成熟教师思想之舵。西幼营造良好的读书环境,西幼"悦书社团"以成熟教师为领读者,引领教师深入研读。在社团活动中,教师自主阅读《上海市学前教育课程指南》《幼儿园课程图景》《幼儿园,课程领导力在生长》《我是儿童艺术家》等书,学习高瞻教育理论,分享阅读的收获。阅读学习让课程领导力的理念逐渐在教师的心中扎根,尤其是《幼儿园,课程领导力在生长》一书,脉络清晰、层层递进,能帮助教师理解幼儿园课程领导力,实施和创新课程,了解幼儿、心中装有幼儿、记录和分析幼儿的成长,书中还有大量的案例结合理论阐释领导力内涵。《我是儿童艺术家》中的高瞻课程模式的视觉艺术教育理念与实践,引导教师看到了视觉艺术在幼儿发展中的价值,并揭示了视觉艺术教育的规律、方法,提出"单项深度法";最后的环境创设和材料提供部分更是以理论依据结合实践操作来说明如何实施,给到了教师很好的建议。教师在"醇美"体验活动大方案中,运用发展性"鹰架思路",编写观察指引,描述幼儿可能的行为和语言,以及成人如何在不同发展阶段支持并适当拓展幼儿的学习,从研究的视角整合了幼儿的发展和课程实践。我们坚信成熟教师的成长在领读活动中前进，有了阅读的深度，自然有思考的厚度。

教师的专业成长是在不断地对话交流中锻炼的，他们的自信也是在不断地互动切磋中积累的。西幼两年一次的"星级比武"、贴身诊断"一课一游戏"、开放式的头脑风暴等活动，助力教师找问题、提观点、汲取集体智慧、助推专业进步。成熟教师丝毫不敢懈怠，申报的星级都有对应指标，有为青年教师做榜样的动力。

三是铸骨干教师思想之魂。论坛碰撞思维，专业与智慧共同发展。教师思想力体现在议论、立论、争论、辩论、明理中。为了给骨干教师更多思维碰撞的时间与空间，每学期的"西幼大论坛"为教师提供对话互动的平台。青年教师在舞台上分享自己的研究主题，骨干教师提问与之互动，考验教师的思辨能力。沙龙活动成为骨干教师每天生活学习的新常态，骨干教师汇总组内或自己在教育教学中的问题、经验进行分享，提升大家的教学技能和专业修养，使彼此教学相长，共同沿着正螺旋方向发展。

**第二步：教研与带教两翼并举"抓设计与执行"**

在课程实施过程中，我们不难发现，由于理解力和接受程度的不同，不同教师将课程理念转化为实实在在的教学设计与教学行为的能力参差不齐。我园立足教研与带教，以"学——教——研"为一线，"听——评——思"为一体，推进各层次教师课程设计力和课程执行力的培养和提升。

一是建立青年教师扶手机制，每学年幼儿园根据每一位青年教师的情况，集中幼儿园优质的人力资源，把四大板块和特色教学作为带教项目，形成了"1对1"带教和指导教师团队带教相结合的师徒带教模式。这种带教模式加速了青年教师的成长，当园内青年教师教学实践开放时，该团队集体出动，对每一位青年教师进行全方位的点评，让青年教师得到更多、更全面的指导。每位青年教师在入职后就拟定"个人成长规划"，定下自己的发展方向、专攻方向。幼儿园帮助青年教师实现方案，提供各方面的积极支持：丰富的西幼课程资源库，走出幼儿园的专业培训，引入专家的专业指导……青年教师有了幼儿园的辅助支持，根据自己的规划，有目标、有计划地前进，少走弯路、多得效益。

西幼通过专项组教研、年级组教研，以课程实施现场的典型现象、事例、问题为研讨核心，以关键性问题为切入点，以教师的思考、领悟、自我建构为目的，面对具体的活动情景，在剖析问题的过程中推动教师探索实践，提升教师课程执行力，从而不断推进园本课程建设。幼儿园为青年教师创设小步递进的台阶,将一些优秀教师的经典课例收纳到西幼资源库,组织青年教师观摩学习,并一起讨论集体活动的设计要点、师幼互动方式等。青年教师从"模课"到"创课",在园内进行开放活动,轮流做主持。在每次开放前定下观摩重点,要求切入点小,力求各个击破、有效准备。青年教师在展示和研讨中锻炼了胆量,既能体验到成功的喜悦,也能找到自身的不足并定下新的发展目标。

为了让青年教师迅速成为课程领导者,我们组建"醇美"项目团队,实践反思、研磨学习,老师们在对课程理念以及课程内容的设计理解上迈进了一大步,确立了"醇美"体验活动的四个阶段:情景导入——体验拓展——表现创作——分享回顾。同时,将"醇美艺术"融入四大体验活动。艺术源于生活,通过纯正且美的生活环境创设渲染,激发幼儿对中国二十四节气、插花文化、上海小吃等主题活动的兴趣,使幼儿能尽情体验种植、艺术插花、制作美食、玩蔬果的乐趣。艺术融入运动,通过各种纯正的体育艺术环境渲染,促使幼儿感受韵律操、竹竿舞、中国功夫中的韵律美、节奏美、力量美,合乎幼儿喜爱运动与节律的天性。艺术与科学跨界融合,通过创设纯正且富有探究之美的环境,使幼儿对探究材料感兴趣并乐于探索发现科学中的艺术美。青年教师在投入研修和持续实践中获得成长的快乐。

二是实现成熟教师赋权机制,以赋权教师为中心,构建课程创新动力机制。释放成熟教师的专业自主权,增加课程放权力度,确保教师课程权力运用的充分性和连续性。将教研作为深化课程实施的着力点,在理论和实践结合中提高幼儿园课程实施的实效性和创造性。

**第三步:倾诉成长故事"促评价"**

评价——一个让人又爱又恨的词,几乎所有的学校都在谈评价、用评价,但是评价的真实状况却令人担忧,教师对于评价越来越感到疲惫和无奈,而管理者也似乎陷入了"评无意义,评来何用"的困境,评价最终成了食之无味却无法丢弃的东西。但事实显然不是这样的,评价不是为了定性,它是一种手段,帮助我们发现问题并诊断分析。西幼教师通过倾听幼儿成长的故事来不断提升自己的专业能力,具体分两步。

一是记录幼儿成长故事,形成案例撰写制度。教师将对课程的理解、实施以及课程绩效进行交织判断,通过记录幼儿成长故事提升对课程的感知、反思、批判与改进,增强重建教学行为的力量；每学期末运用《西街幼儿园幼儿发展指标》进行终期评价，并与每月撰写的幼儿学习故事（过程性评价）相结合，从而提升课程评价力。

二是建立分层教师手册，形成梯度培养制度。在"以人为本"管理理念的引领下，为实现"让每位教师充分发展"的管理目标，立足本园实际，尝试给不同层次的教师建立手册来记录教师的成长故事。教师和幼儿互动过程的小故事，是教师对自己教育思想、成就、风格、态度、价值观等方面的高度个人化的描述。教师不断反思自己教育理念与教育行为之间差距的过程，是教师不断完善自己教育教学和调整教学策略的过程。管理层对同梯队教师进行个案质性分析，跟踪一日活动，记录关键事件，提供扶手策略，帮助教师提升课程执行力，支持不同层面的教师在专业发展上能走得更快、更远。

这本手册是青年教师成长过程中的宝贵财富，每学年我们会对教师专业发展进行评估。首先，我园根据各梯队教师得分情况设定各梯队教师自评平均分参考值，如图6-1。

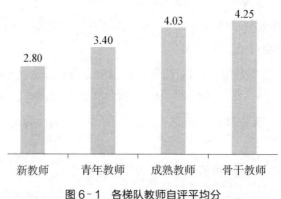

图6-1　各梯队教师自评平均分

每一位教师都能从图表中清晰了解自身的专业发展情况，哪些方面做得比同梯队教师好，哪些方面还有待提高，以及可以向哪位教师学习。

青年教师对照"西街保教管理"App中自动生成的报告（见图6-2，以西幼某教师为例）对自己的优劣势进行分析，找到工作中可以改进的方面并制定具体的改进计划。这样的工作不仅使教师的专业发展有据可依，而且实现了园所自上而下的管理和教师主动发展，从而更好地促进教师的专业发展。

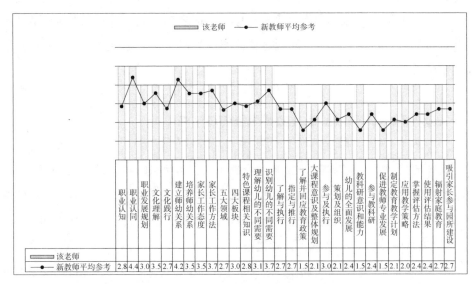

| | 该老师 | 新教师平均参考 |
|---|---|---|
| 职业认知 | | 2.8 |
| 职业认同 | | 4.4 |
| 职业发展规划 | | 3.0 |
| 文化理解 | | 3.5 |
| 文化践行 | | 2.7 |
| 建立师幼关系 | | 4.2 |
| 培养师幼关系 | | 3.5 |
| 家长工作态度 | | 3.5 |
| 家长工作方法 | | 3.7 |
| 五大领域 | | 2.7 |
| 四大板块 | | 3.0 |
| 特色课程相关知识 | | 2.8 |
| 理解幼儿的不同需要 | | 3.1 |
| 识别幼儿的不同需要 | | 3.7 |
| 了解与执行 | | 2.7 |
| 指定与推行 | | 2.7 |
| 了解并回应教育政策 | | 1.5 |
| 大课程意识及整体规划 | | 2.1 |
| 参与及执行 | | 3.0 |
| 策划及组织 | | 2.1 |
| 幼儿的全面发展 | | 2.4 |
| 教科研意识和能力 | | 1.5 |
| 参与教科研 | | 2.4 |
| 促进教师专业发展 | | 1.5 |
| 制定教育教学计划 | | 2.1 |
| 应用教学策略 | | 2.0 |
| 掌握评估方法 | | 2.4 |
| 使用评估结果 | | 2.4 |
| 辐射家庭教育 | | 2.7 |
| 吸引家长参与园所建设 | | 2.7 |

图6-2　西街幼儿园某教师二级维度具体表现

"醇美教师"的打造我们还在路上，途中会有更美的风景，偶尔也会经历风雨，但是我们坚信阳光总在风雨后，我们期待彩虹的出现。

# 第二节

## 园本研修与课程特色

幼儿园的园本研修、教育科研和师资培训与幼儿园的课程是息息相关、相辅相成的。教师的专业成长需要以园本课程为依托，以研修、科研与培训为手段，探索一条适合促进教师专业成长的一般理论、方法和途径，从而建设一支较专业化、具有创新精神的教师队伍，提升课程意识和特色延续。

近些年来，幼儿园年轻教师的专业发展得到进一步关注和研究，当下幼儿园的园本研修突出的问题有三点：一是传统式的园本研修成效跟不上新时代学前教育的发展步伐；二是"快餐式"的园本研修活动缺乏有深度的思考；三是零散的园本研修活动难以提升教师的系统思维能力。而幼儿园教师队伍年轻化的特点，更凸显了园本研修活动组织的重要性。[1]

## 一、秉承"醇美"研修理论，激发教师思维的能动性

我园的"醇美"体验活动更注重通过实践来认识事物，让教育对象在实践中认知，通过观察学习，从众多榜样和事例中总结出自己独特的行为法则。园本研修活动应秉承理论基础，发挥教师主观能动性，带给教师深刻的体验感受，让教师在活动中讨论、辨析、提炼、总结、提升，形成新的认知视角与实践方法。

教师培训运用"卷入式"的模式，让教师在活动中参与深度会谈、自由对话、分享观点，从而使个体在群体的讨论中获得新的理解，激发教师思考，用教师的智慧解决实践问题。深度会谈不是为了赢得争论，也不是交换意见，而是在分享、交流、碰撞中提升集体的智慧，提高研修活动实效性。

## 二、拓宽"醇美"研修模式，促进教师实践的游刃性

### (一) 摸索尝试——打开"问题思考"之门

以点及面，引发教师对问题的思考，在小组讨论的基础上，园务再进行集中分析和提炼，让教师在积极思考与主动交流中，理清学习框架、需要思考的内容、注意的细节，营造人人积极思考、能者参与交流，有话敢说、有话可说、有话能说的平等话语氛围。

### (二) 深入专题——开启"系统思考"之旅

就如我们体验活动室的操作指引表，用表格的形式，以"情景导入、体验拓展、表现创作、分享、回顾"五个方面构成分析框架，对每周体验活动中幼儿的表现进行分析。"现状"对应"期望"，通过细致分析，教师就能非常清晰地找到活动中的问题。操作指

---

[1] 吴静."世界咖啡"：挖掘教师的思考深度——以幼儿园园本研修的创新管理为例[J].早期教育（教育教学），2019（4）.

引表对今后体验活动的实践行动是非常有指导意义的,这样的指引表可以运用在其他研修活动中,帮助教师学会用系统思考的方式解决问题,学会透过现象看本质,透过空间和时间去看问题,解释问题。

### (三) 探索创新——走上"深度思考"之路

教科研、课题研究对于教师来说,是一个非常难以介入的领域。"思维导图"便是一个促进教师深度思考的好方法,将课题研究步骤分解,运用思维导图预设课程,记录课程的发展与脉络,使得教师在一次次活动中理解活动的意义。当深度思考、逻辑思考、系统思考成为一种习惯之后,教师的运用也就熟能生巧。这样既提升了项目课程的品质,也提高了教师的专业素养。

## 三、创设弹性研修机制,尊重教师发展的差异性

幼儿教师的成长具有规律性和阶段性,一般需经历四个阶段:知识准备阶段、探索适应阶段、发展成熟阶段和更新创造阶段。我园结合老师的发展实际,构建分类分层的教师研修课程体系。通过调查研究,找准教师专业研修中存在的问题,了解不同教师的专业研究方面的需求,然后针对问题与需求积极预设教师专业发展的个性化研修策略。这样"菜单式"的研修机制针对不同发展阶段设计的个性化研修,体现了园本必修和个性化选修的结合,这样的研修发展规划与实施策略体现了尊重的原则,能够激发教师内在的研修动力。同时,幼儿园注重整合各方资源,完善研修配套制度,不断提升研修效益。

## 四、抱团取暖创新课程,彰显教师团队的影响力

有研究表明,"教师的专业发展离不开文化浸润"。西幼的校园文化环境一贯营造开放、包容、平等的文化氛围,教师传承着优良的联合与协作机制,幼儿园也为教师创设了许多合作交流的平台。如何将合作效益发挥到最大值,相互辐射传播团队影响力,是我们在新课程研修中所要思考的。

加强教师的智囊团队建设,发挥抱团取暖的最大作用,通过这样的团队形式优化

集体的力量，相互扶持，共同提高。幼儿教师必定在这种相互取暖的感召下自发形成紧密合作的学习团队，加快创新性课程的开发进度，确保课程开发的质量。

## 第 三 节

## 带 教 制 度 与 岗 位 成 长

我们始终关注着教师的需求，从计划式到师父像影子般带动，从单出的传授到多元网格式的优化，建立教师群体岗位成才机制。网格式师徒带教中，教师拥有自我引荐、自主选择师傅、选择被带教内容的权利，能调动教师自身专业成长的内驱力。同时，幼儿园听取一线教师对师徒带教制度优化的看法与意见，并适当地将一线教师的合理建议调整到制度修订的文案中。

网格式带教的实施路径为：个人自报擅长——形成带教内容菜单——自由选择导师——多向确定师徒关系。每个人都可以既是导师又是学员，这有利于实现盘活资源、合众之力、能者为师，由此形成网格带教关系，让教师各自发挥特长，形成良好的学习氛围。

两年一度的"星级比武"遴选西幼的"能者"——各梯度有专长的教师（管理者、教研组长、骨干教师、青年教师），向具有"醇美特质"的教师颁发带教聘书。每年的九月，举办"师徒带教仪式"，带教周期为一年，根据教师成长需求可以续签。

每学年幼儿园根据每一位教师的需求，集中幼儿园优质资源，将"醇美课程"实施各要素作为带教项目。例如：有的老师擅长"醇美环境"创设，有的老师擅长观察解读幼儿的深度思考，有的老师擅长家长工作……教师根据自身的需要自主选择师傅，形成网格式带教。

图6-3显示了我园教师相互带教的网格架构。萧老师对创设"醇美环境"十分有经验，颜老师和阮老师认为自己在这方面有待加强，纷纷拜萧老师为师。同时，萧老师认为自己在文学欣赏活动设计方面有待提升，与善于文学活动设计的孙老师和师幼互动所长的徐老师结对。有所长者皆为师，充分挖掘每位教师身上的"能"，教师的主观

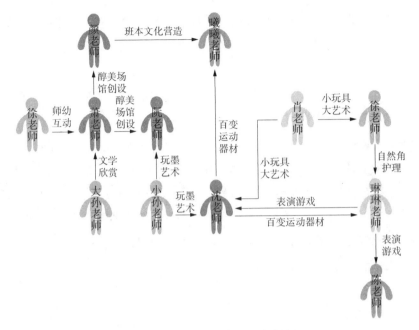

图6-3　"能者为师"网格式带教图

能动性被调动起来,就这样教师群体之间建立了多向紧密的学习关系。

　　这种带教模式既加速了徒弟的成长,也促进了导师的专业提升,获得了双赢的效益。让有能力的教师引领辐射、让有经验的教师出谋划策、让信心不足的教师有所依靠,实现各种教师资源的盘活是师徒带教的重要命题。让更多的"能者"发挥辐射作用,同时也为每一位教师提供学习的机会,促进西幼的青年教师、成熟型教师、骨干教师、学科带头人等不同梯度教师的自我成长。

　　西幼师徒带教制度不断传承,"盘活资源,合众之力",联动教师个体,发挥不同群体的作用,"以传雅量"——助力青年教师奔往心中的月亮。网格式带教不再仅仅是导师与徒弟单向传输,更是加深徒弟与徒弟、导师与导师之间密切联系,让每位教师都能在不同领域中寻找各自成长之路的引路人和陪伴者,从而形成一张生长的网,不断为"醇美课程"充能加力。

　　带教的内容是"醇美课程"实施的共性需求与教师的个性需求的结合,带教项目相对固定。指导教师如何"导",指导到何种程度,指导的成果如何评估、谁来评估,需要进一步设计细则。

指导教师是课程领导力的领军人物，导师的专业能力需要进一步夯实。导师要主动吸纳新理念、新信息，适时调适带教目标和自身的观念，积极应对课程实施的挑战。

西幼就像一片培育的"土壤"，广阔无垠、兼容并蓄。我们期待不同的"种子"绽放出各异的姿态，充满活力地朝着自己所喜爱的方向奋力成长，奋力拥抱阳光，发光发热。"土壤"温柔地将"种子"拥抱，尊重其个性，给予正向引导。"醇美团队"文化建设保障机制的形成是全体西幼人主动追求和探索、共同凝聚，基于"醇美课程"目标，聚焦"以书雅言、以艺雅观、以传雅量、以研雅趣"正螺旋上升的动力机制，四者既相互独立、具体指向明确，又整体关联，体现了西幼课程机制的不断优化与创新。在追慕"醇美育人"境界时还涌现许多老师和孩子温暖的学习故事，推动幼儿园中位的制度文化与深层的观念文化融合渗透，日臻完善。

## 案　例

### 西街幼儿园"醇美艺术（音乐）"项目组成长案例

西幼艺术组（音乐）全体教师，在"顺天性、任自然"这一课程理念的共同愿景下，致力于"以幼儿为主体，教师退后"的行为转变，观察、解读、支持活动室每个幼儿的行为，力求发现一些幼儿主动学习的规律和特点，捕捉幼儿主动学习的轨迹，以此来助推幼儿的发展。但是在五个活动室中（"沪语童谣""琅芽春晓""灵音畅响""舞动奇迹""动感篮球"）有一半活动室的幼儿为中班孩子，伙伴间的合作、交流、协商、表征记录的能力都非常有限；有3位教师相对比较年轻，在观察、解读、支持幼儿的能力上经验相对有限，其中2位教师，岚岚和小於，在活动内容上是全新的探索者。同时，所有的活动室又都面临着一个巨大的挑战：如何将高结构的学习内容真正转变为幼儿可自主探究学习的低结构内容？

在项目组教研中，教师们进行了多次的活动现状分享和交流，力求凝聚组员们的集体智慧，将对课程领导力的理解落实到思想力的转变。通过聚焦儿童在活动中的行为，用观察、解读的方式，讨论共性问题，分析个性问题，迁移组员经验,在"交流——共享——调整——再实践"中,促进儿童与教师的共同成长。

**(一)齐探索——探索观察对象**

**1. 对缺乏学习兴趣的幼儿的观察(特殊幼儿)**

我们知道,能力强的幼儿总是在活动中有博人眼球的表现。对于那些一开始就表现出不愿意、没有兴趣参与活动的幼儿,怎样转变他们的学习兴趣,教师又该如何支持?

在"沪语童谣"活动室中,教师对一名幼儿进行了连续 5 次的跟踪观察。

| 第几次 | 幼儿表现 | 教师策略 |
|---|---|---|
| 第一次 | 大哭十分钟,不愿参与,只愿远观 | 试探、应允 |
| 第二次 | 哭了一会,不愿表演,只做观众<br>活动一半,主动旁观,但只看不演 | 两次试探<br>应允,满足旁观的需求 |
| 第三次 | 只旁观,不愿说童谣<br>读同伴的童谣,生生互动<br>分享时,神情认真,投入 | 应允<br><br>表扬、肯定 |
| 第四次 | 主动要记录纸、模仿同伴聆听、记录<br>分享时,上台念童谣、声音轻、速度快<br>再来一遍,声音提高,自信增加 | 掌声肯定,提希望 |
| 第五次<br>…… | 情绪愉悦,与同伴有说有笑<br>神情自然,乐意参与活动 | 旁观感受:<br>1.兴趣、乐意、探索<br>2.按自己的步调,小步递进式地前进<br>3.自由、自主、允许 |

图 6-4 观察记录

这是该名幼儿在活动中的表现,可以看到,孩子从第一次的大哭、完全不愿意参与活动,到第五次能和同伴有说有笑,轻松自然地参与表演和记录,其学习兴趣和意愿有了很大的转变。

而教师在这一过程中的支持策略有:反复试探、应允需求;缓解紧张心理,允许他按照自身发展的速度和方式,到达大胆、自由表现的发展"阶梯"。宽容、肯定、赞美既是尊重幼儿个体差异发展的关键,更是助推幼儿发展、优化教师支持策略的有效途径。

案例分享中幼儿的变化,让我们看到了更多在教师助力下儿童发展的可能性。组长身体力行,将思想力化为行动力,更加坚定了年轻组员的探究信心。我们秉持"观察、解读、注过程"的研究方向,一路前行,不断交流案例,致力发现更多针对不同性格特点的幼儿的支持策略,创建对话交流平台,形成教研共同体。

**2. 对内敛性格的幼儿的比较观察**

"琅芽春晓"活动室中,玲琳老师致力于"读懂幼儿,追慕'醇美育人'境界的过程",将性格内敛、情感细腻的幼儿作为重点观察对象,比较中班和大班不同年龄段幼儿的表征记录方式,用心解读这类内敛、不善表达的幼儿的心理,助推其个性化发展。教师的支持策略不仅有细致观察、精准解读、形成合力的温情预约,更在前期营造了一种轻松、游戏化、教师一起参与的表演氛围。

这种教师与幼儿共同参与体验,共建表演经验,由快乐引发的表现需求,更符合儿童的学习心理和特点,也为构建教师对不同幼儿的观察策略、支持策略,带来了有价值的启示和思考。

**3. 对能力结构差异的幼儿的观察**

儿童学习,有时是独自进行的,有时会自发形成小组合作。在"灵音畅响"活动室,周老师将三个孩子作为研究的对象:他们来自同一个班,组合较固定,且男生较多。

通过对这组孩子不同阶段的观察,周老师发现了同一幼儿身上不同的特质。缺乏自信心的幼儿,其社会合作性、解决问题能力、语言组织能力却很强,逻辑表述也清晰到位。语言组织能力较弱的幼儿,却很愿意大胆表述自己的观点。动作节奏感以及动作协调性水平一般的幼儿,在逻辑思维和创造性表达上却达到了令人惊喜的水平。

这样的观察视角,更具有整体性、客观性,它从多个维度呈现了幼儿能力结构上的个体差异,也让我们再一次了解幼儿的发展规律:每位幼儿在沿着相似进程发展的过程中,各自的发展速度和到达某一水平的时间不完全相同。所以教师要保持清醒的头脑:切忌用一把"尺子"衡量所有的幼儿。

**4. 对教师观察行为的内省自查**

有三个活动室的教师,在教学经验上比青年教师要稍具优势,在对课程领导力的设计、执行和反思调整能力上,有相对成熟的思考。青年教师虽然教龄短,但是思维活跃,愿意不断尝试、总结自己的观察行为。

小於老师从第三方的视角对自己的观察行为做了细致的分析和解读,并链接学理性知识,角度独特,反思深入,让所有组员都进行了一次理论知识的洗礼,帮助我们更好地使用观察工具,解读幼儿的行为发展。

岚岚老师聚焦幼儿表现力的不同阶段,从对个体幼儿的观察到对小组合作方式的观察,发现了幼儿的社会性能力对同伴合作学习的重要影响。在她观察的这组幼儿中,领导者是不可或缺的角色身份之一,同伴模仿、跟随的意愿直接决定了幼儿表达表现能力的发展可能性。这也给我们所有人提出了一个新的思考:社会性发展水平,是否直接决定了幼儿表达表现能力的高低?这也可以成为我们后续继续研究的问题。

组内的每位教师已经在课程领导力的共同愿景下,转变观念、用心观察,探索每个项目领域中助推幼儿发展的可能性。遇到问题时,充分发挥胡老师、玲琳老师、周老师和青年组员们互动研讨的积极性,一起聚焦问题、解决问题,形成思维碰撞,交流观察心得。

**(二)共分享——共享心得体验,解决真实需求**

对于青年教师,组长还会经常与其个别交流,了解其所负责的幼儿的活动现状及面对的困惑,给予针对性的指导。如"舞动奇迹"中,幼儿自主探索、自由表现了几次活动后,教师感到幼儿的表现力停滞不前,很难再有新的突破,如何支持才能让幼儿发生深度学习呢?

老教师结合了自己在"沪语童谣"中积累的支持策略,分享了如下经验:

### 1. 变旁观为主动，参与幼儿表演

"舞动奇迹"其实是一个共建表演经验的活动，教师和幼儿一起"玩表演"。强调的是玩，也许在开始时，教师作为领导者更多地起到指挥、协调小组成员间的行为、语言的作用，但是在不断演绎的过程中，教师的角色身份逐渐后退。

儿童在和教师玩的过程中，会积累各种玩的经验，这时，教师就是那个"能力稍强的幼儿"，在游戏氛围中，传递快乐，共享经验。教师可以"教"，但"教"是为了"不教"，慢慢后退，把舞台还给幼儿。当教师把目光聚焦在感知体验后的幼儿内化演绎时，当教师不强求幼儿一模一样地表演时，就能发现儿童学习的生长点。

### 2. 发挥室间联动，焕发新的学习动力

面对幼儿兴趣易消亡的特点，活动室的组员进行了两次联动。一次是"琅芽春晓"活动室与"舞动奇迹"之间的联动；一次是"琅芽春晓""舞动奇迹""沪语童谣""灵音畅响"之间的联动。

大家纷纷表示，当幼儿对表演产生疲惫心理时，活动室间的联动能让幼儿发现同伴对自己的关注和期待，这可以重新点燃孩子的表现欲望。小演员看到哥哥姐姐、弟弟妹妹的作品时，对自己的展演更期待，彩排更投入，最终在掌声中收获成功感。

图 6-5　活动室表演

### （三）互探讨——探讨记录方式、记录时间、表征特点

在专项组教研时，组员还对何时记录儿童的学习轨迹进行了意见的交换。在结合活动室实际情况和各自的优缺点后，我们形成了这样的记录形式和方式（见表6-1）。

表6-1　　活动室情况记录表

| 活动室名称 | 时间 | 优点 | 形式 |
|---|---|---|---|
| 琅芽春晓 | 利用"一日活动"时间录音 | 记录清晰,没有干扰,便于教师操作 | 中班:师幼共同记录<br>大班:幼儿记录 |
| 沪语童谣 | 第3次开始录音,先创作后录音,间隔几次再录音 | "记录"成为幼儿学习兴趣的再生长点 | 前期:教师参与式记录<br>后期:幼儿自己记录 |
| 舞动奇迹 | 活动中后期记录,幼儿自发形成记录的习惯 | 对表演有一定思考后再记录,不影响表演的连贯性 | 幼儿记录 |
| 动感篮球 | 边玩边记录;最后专门留半小时记录(室外——室内) | 保持游戏的连贯性、记录的完整性、抗干扰 | 幼儿记录 |
| 灵音畅响 | 活动中期开始记录,活动中录音 | "记录"成为幼儿活动的探索内容 | 幼儿记录<br>教师记录 |

同时,交流各活动室幼儿表征记录的情况时,组内老师发现:

大部分中班幼儿的表征能力以抽象画画为主,会说不会画;大部分大班幼儿在表征能力上能具象画画,用生动的符号表达自己的想法。表征能力的强弱与幼儿的绘画水平有一定的关联,也与教师提供的记录方式有关。倾听并欣赏同伴的记录,能激发幼儿再次创造的兴趣;在大班幼儿中引入竞争模式,也能激发幼儿学习探究的兴趣。记录在活动后期会变成一种幼儿内在的需求,幼儿会形成自发记录的愿望。组长将大家的记录情况梳理总结,形成一种研究的资料,为后续观察、解读幼儿的行为提供行动依据。

此外,分享时间的安排对有表演需求的活动室来说,是一个比较关键的节点。组内教师抓住分享的时机进行动态调整,同时不断观察幼儿的需求,合理分配。专项组对这个环节的教研,也是引发教师进一步研究推动幼儿发展的重要策略。

### (四) 促成长

随着专项教研的持续,项目组组长发挥了每位组员的优势,带领组员不断提升自己的观察解读能力,不断外扩对幼儿的关注程度,不断转变思维,优化观测工具和路径,不断对助推幼儿发展的关键元素开展讨论。组长始终站在组员的身边,了解组员的活动室开展情况,了解组员的真实需求,引领、共享每一条助推儿童发展价值的支持策略,在经验中分享、在梳理中总结,寻找教研合一,促进幼儿与教师的共同发展。

## 第四节

## "四雅" 教师团队

西幼以共同愿景为前提、专业发展为目标、人文情感为纽带,凝聚"醇美团队"文化机制,打造一支具有"醇美特质"(即"雅言、雅观、雅量、雅趣")的课程领导团队。其核心价值在于凝聚"人"的工程,结合 34 个制度,通过显性与隐性的培育机制"健全审美教育人格"。教师在逐步形成和全面落实幼儿园课程愿景和目标过程中主动思考并开展课程实践,发现和解决课程问题,推动课程团队机制不断优化。

接下来,将从"醇美团队"课程领导者园长、管理层、成熟教师、青年教师四个视角来分享团队机制优化的故事。

**故事一:以艺雅观——艺术浸润,翰墨飘香**

我园的"醇美教育"凸显幼儿园课程变革的独特价值追求,张扬"醇美课程"理念的文化内涵,厘定幼儿园课程哲学,将每一条途径做实、做活,做出立德树人的"意义感",做出幼儿园内涵发展的"文化感"。"醇美教育"是全面的、深度的审美教育,是以美的手段培育美的人的教育。在课程实施过程中,我们始终将目光聚焦于幼儿。

我园提出"施之以美,涵之以情"的办园理念,对幼儿进行书画启蒙教育,研究符合4—6岁幼儿年龄特点的"可数符号"国画教学,用适合学龄前儿童的学习方式让西幼的孩子感受中国传统艺术文化。园长每日勤练书法数小时,成为书法家协会一员,并一直扎根在儿童书法教育,用儿歌化的语言将一笔一墨的书写进行形象生动的传授,将八字点和往上翘的八字胡进行联想,把"撇""捺"比喻成大白鹅和滑滑梯等,手把手地带着每位孩子书写,亲身示范、言传身教。

我园鼓励教师在艺术上自主研修、开展书画教研、参观艺术展等,在拓展艺术教育、弘扬中国传统文化中,西幼逐渐涌现了一批高质量、懂艺术的教师队伍;浓郁的传统文化气息使每一位西幼的孩子驰骋在艺术的享受和创想中。

西幼"醇美团队"机制"以艺雅观",挖掘每位老师身上的艺术特质,除了书画艺术课程,还有"创意儿童剧""快乐星期五""小喇叭广播"等,丰富多元的"醇美"活动打造"醉儿童"的环境,让孩子学会欣赏美、创造美,注重情境性和亲历性,让艺术感性素养在西幼孩子的内心萌芽成长,让孩子一生拥有追求艺术的幸福。

图6-6　教师研修书画

**故事二:以书雅言——"悦读"共研,慧心妙舌**

我园管理层一直在思考如何增强教师对幼儿园课程共同体的信任和归属感,满足教师课程实践的专业发展需求,提供个性化发展支持,盘活资源、合众之力,激发教师的学习内驱力。

于是我们提出在自主研修制度中生成"以点带面"的精读机制：基于自主学习兴趣点，结合实践"抱团"精读。新颖的形式带来了高效的"悦读"体验：画线批注、推敲琢磨、触类旁通……"抱团悦读"机制激发同组教师自发研讨：在基于儿童视角的课程领导力背景下如何理解孩子？如何浸润艺术教育？"认同孩子眼中的艺术美"的教育理念渐渐植根于教师心中，化为实践中浸润"醇美教育"、呵护幼儿艺术天性的意识。

我们参与不同组别的精读，发现有些教师在梳理归纳时对如何内化理论化的内容存在困惑，于是将问题抛向全体，很快有青年教师提出巧用思维导图（X-mind），把各级主题的关系用相互隶属与相关的层级图表现出来，把主题关键词与图像、颜色等建立记忆链接。操作便捷、显示清晰的思维导图以"多米诺效应"的方式快速在西幼流行起来，教师间互助梳理、理解，对《我是儿童艺术家》进行深度研读。

西幼管理层以开放、依赖、相互支持、互助合作的团队培育机制，让每位教师更大胆地亮出自己的教育智慧，促进了每位西幼教师更好地专业化成长。

案例撰写制度让西幼人养成每月观察记录、识别的习惯。"悦读"交流机制中，管理层旁听，教师为叙述主角，助力老师互动成长。

"悦读会"前很多教师将学习的故事进行再剖析，比如"小燕子"折纸的内容对中班幼儿有挑战，教师跟进相应策略：寻找家中合适的地方让"小燕子"停留并拍下美照。艺术融入一日生活激发了孩子的折纸热情，美的画面也推动了孩子创编雅趣的儿童诗、故事等，小小的折纸挖掘了更多教育价值。

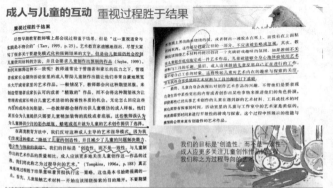

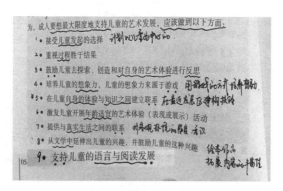

图6-7 精读成效

从"课程文化唤醒"到"课程理念浸润","悦读会"中激起了一阵阵的涟漪,每位老师在叙述时侃侃而谈、慧心妙舌,我们营造的自主的平台交流机制也让老师们达成共识:花开需有时,唯有静待之。每位孩子都是天生的艺术家,我们要陪伴他们发现生活中更多的美。

图6-8 深度研读

图6-9 "悦读会"一览

西幼团队形成了浓厚的共读学习氛围，老师们不满足于一本美术教育著作，自发阅读《创造性艺术》，很快这本书"滚雪球"般再次在西幼"醇美教师"间流传，书中有大量戏曲表演、角色游戏、歌曲活动等活动案例解读，大家惊喜地发现"观察和指引"能为团队方案制定提供很好的借鉴。以书雅言，充分体现了"醇美教师"团队自主学习机制的优化。

**故事三：以研雅趣——读懂幼儿，醇美育人**

西幼童话剧和"醇美课程"结合走过十二载，在卷入课程领导力研究后我园进行了"创意儿童剧"专题研讨，反思童话剧课程存在的不足，提出学校3.0版本的基于儿童观的"创意儿童剧"及其课程愿景，即幼儿做自己的戏剧，老师追随幼儿天性，让儿童剧成为专属于幼儿的深度学习。

一位有十年工作经验的教师，基于学校提出的"我剧我做主"的全新理念，对"创意儿童剧"进行再思考和实践，这个过程也是其"以研雅趣"，读懂幼儿，追慕"醇美育人"境界的过程。详见图6-11。

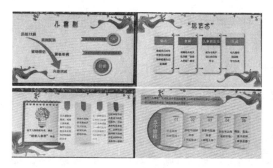

图6-10 专题研讨

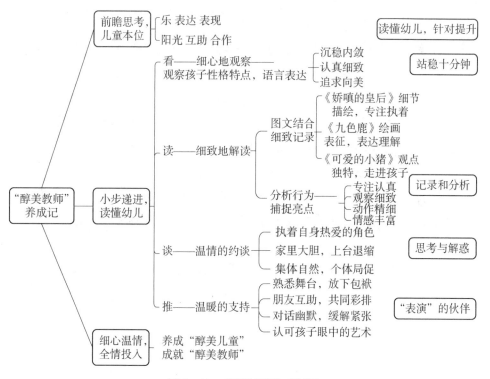

图6-11 "醇美教师"成长记

舒婷在《致橡树》里写道:"我必须是你近旁的一株木棉,作为树的形象和你站在一起。根,紧握在地下;叶,相触在云里。"在意识上,教师应成为木棉一样有目标、有责任的课程领导者;在认知上,教师应如木棉般坚定地站在孩子的身边,和他们一起茁壮成长;在行动上,教师应前瞻思考、大胆实践、自主学习,才能和孩子互相致意,心意相通。

111

**故事四：以传雅量——"嫦娥"奔月，助力成长**

一位四年教龄的青年教师，在"醇美教育"背景下，以中国传统神话故事《嫦娥奔月》为载体设计文学欣赏活动，将人物个性作为欣赏元素，利用音乐、肢体动作、色彩加以同构表达。如何让孩子真正欣赏文学作品并理解蕴含的人物个性？答案在园内多位师父的观摩、试教和磨课教研中。

## 案 例

情境再现

（1）教学初探

故事简单明了，课件让孩子初步了解感受故事中三个人物的个性。教师从中发现孩子对音乐感知力不强，不知如何表达。

孙老师：从不同载体赏析时，孩子需要调动音乐感知能力、肢体动作的表现能力、色彩的辨析能力等综合能力，这对孩子来说是一种考验，教师可铺垫经验为他们创设认知和能力培养的环境。

（2）再次尝试

有了前期经验，孩子能根据曲风、节奏，将故事中三个主要人物的个性进行匹配，并用肢体动作表达，但色彩与人物个性匹配存在理解能力上的差异。

孙老师、徐老师：师幼互动中老师可采取追问策略："如果请你选择与他性格相符的颜色你会怎么选？你为什么选这个色彩？"启发孩子新的思考。

（3）推敲优化

孩子全情投入，古筝的现场演奏和色彩的运用使孩子产生浓厚兴趣，教师提问和追问时更有把握，及时捕捉孩子亮点，将活动推向高潮。

最终"嫦娥奔月"在"2018年全国信息技术应用成果征集活动"中荣获整合课教育活动实录组一等奖，更重要的是，经过西幼"醇美团队"共同打磨，教师对文学欣赏活动有了更深的理解。西幼师徒带教机制不断传承，"盘活资源，合众之力"，联动教师个体,发挥不同群体的作用,"以传雅量",助力青年教师奔往心中的月亮。

　　幼儿园课程是一个开放的、极具创造力的系统,教师是这个系统中最具能动性的因素,是创造力的源泉。提升幼儿园课程领导力视角下的课程制度和机制的优化与创新,就要让教师这种动力持续地喷涌,实现人人都有课程领导力,人人都能成为课程领导者的愿景。

图 6‑12　课程研磨

　　"醇美团队"文化建设保障机制的形成是全体西幼人的主动追求探索、共同凝聚,它基于"醇美课程"目标,聚焦"以书雅言、以艺雅观、以传雅量、以研雅趣",在这螺旋上升的动力机制中,四者既相互独立、具体指向明确,又整体关联,体现了西幼课程机制的不断优化与创新。

　　在追慕"醇美育人"境界中还涌现了许多老师和孩子温暖的学习故事,推动幼儿园的制度文化与深层的观念文化融合渗透,日臻完善。

第 五 节

问题解决与教研活动

我园教师寻找生活体验活动中真实发生的课程问题，探索解决方案和方法，通过教研活动中的"研"，促进教师的思考和实践探索，提升"醇美教师"的专业发展。

## 一、以"真问题"为导向，提升教研实效

"真问题"是教师团队中最迫切需要解决的，解决"真问题"正是体现教研价值之处。在每次教研活动前，教研组会预先给组员们下一次的研讨主题内容，让组员寻找发现体验活动实施过程中的"真问题"；或组员自己预约主题，待活动实践后，大家再带着问题与困惑到教研活动中进行分享交流，在互动中有所获得，在研讨中有所提升。以下，便是某学期专项教研组罗列的几个"真问题"，以及如何通过研讨解决、提升，获得教学经验的过程。

### （一）"真问题"一：实证收集实践与解惑

《幼儿园，课程领导力在生长》一书中提到了幼儿园课程主题在运用证据中存在的问题，如：证据的来源和形态比较单一，证据零散未建立关联，对证据分析、判断、解读能力不足等。这些可能在平时我园实施"醇美"生活体验课程内容时也会出现，鉴于此，我们提出：哪些是我们需要收集的实证？用何种方式收集才能更好地提高我们工作的实效性？以往的证据收集可能是偶发性的、片段式的，如何能将其形成关联，从中梳理出规律特征，更好地为采取的措施策略而服务？带着困惑大家进行了实践尝试，几次体验活动过后有了成效。

在一次专项教研中，大家提出：在"醇美"生活体验活动中，教师应基于实证解读幼儿的行为表现。之后，教师在活动中更趋向于收集多层次的活动实证，如照片、视频，来记录幼儿表征中的言语、动作、心理活动。体验活动中的定点观察与定向观察都需

要实证照片、视频以及幼儿表征的记录,大家在实施过程中发现总结了一些比较可行的方法。

**1. 收集实证,分享交流**

叶老师:我主要通过照片和视频进行现场记录,之后再转成文字,通过图文结合的方式,将幼儿的活动过程进行记录收集。此外,我还会用到点读笔,让幼儿在活动结束后把自己当天的活动画下来,并说一说自己的活动过程。

朱老师:我的收集方式主要有三个。一是照片,通过对现场的拍摄,一方面可以及时记录下现场活动的情况,帮助教师在后续回忆的时候有更多的细节提示,一方面也可记录下现场的情绪情感。在进行照片拍摄的时候,如果以记录为主要目的,需要搭配教师的观察;如果以最终的文字图像呈现为目的,就需要关注更多的细节以及照片本身的构图、美观。二是录音,本学期我们加入了录音笔。录音是小朋友可以独立完成的,声音的记录让记录形式更加丰富立体,一些背景声音、其他小朋友的喧哗等,都能够成为记录的一部分。三是教师的回忆(文字记录),图像和摄像都是现场记录,教师的思考需要在活动之后借助照片和声音进行进一步的整理和归纳,也就是我们写的学习小故事。

汤老师:定向观察过程中,我会用自己的手机跟踪一个孩子进行记录、拍摄(照片和视频),然而这个时候我可能无法顾及定点观察时的其他孩子的行为表现,那么我会用另一个手机来定点拍摄这一组的活动情况,待活动结束后,再翻看手机里的视频,寻找有价值的实证内容。

徐老师:一开始,我认为教师会带着自己的主观色彩去拍摄,在品读了《幼儿园,课程领导力在生长》一书后发现,证据类型中也有可以是教师主观的思考和认识层面的,比如教师对某个概念的理解和表述;再看体验活动中,教师在观察时可以带有分析的想法去有意识地捕捉孩子有价值的情景内容,并作为之后反思的证据。另外,还需要补充一种方式,就是定点全程将活动过程录下来,这种方式的利在于它是全程的、客观的,但需要思考的是,怎样让我们收集证据的方式更加有效,因为在活动中,教师要与幼儿进行现场即时的互动,还要多方位多类型地参与活动,一时间会显得有点忙碌。

钱老师:点读笔信息的收集方式是有效的,让我们改善了单一、统一的绘画表征的方式,让孩子像去看展一样;此外,还可以把照片打印下来,让幼儿在旁边说一说,可以说说自己的探索的过程、有亮点的地方。

**2. 梳理总结,研讨策略**

证据是客观的事实表现,我们这里提到的收集的实证,便是通过教师与幼儿的各种记录的方式,将活动的场景再现,将参与活动的想法与做法再现,以多方位的证据描绘出立体的活动场景,将幼儿的活动状态活灵活现地展示在面前。

从发现收集实证中可能出现的问题,到实证的收集、整理、选取、分析,再到提取生成内容为新一轮预设主题,幼儿与教师据此进行活动材料与内容的调整,如此循环往复,使实践循证有效地推动体验活动。只有将"醇美课程"理念隐形于心中,才能使得教师更清晰地多方位地观察幼儿的活动状态,找出更有价值的可分析的内容,以供更精准地解读幼儿,最终达到教师提升检验自己新的儿童观、教育观与课程观的目的。

**(二)"真问题"二:教师回应提升出策略**

在体验活动实施中,教师撰写的学习故事里除了有对幼儿行为表现真实的观察外,还有客观的分析以及做法,但我们很少将这些提升总结为教育策略。教研活动研讨过程中,教师分享交流着各自的活动案例,案例中的言语描述、图片或视频记录能将大家的思考内容浮出水面,但如何把这些思考内容变得更精练,成为今后工作中可参考的教育策略呢?于是我们一起用"甜品大作战"中教师的做法,用关键词来表述,探索这些关键词能否精准地将教师的思考完全表达出来。

---

定向案例分析:点点成长记

**第一轮活动**

活动背景:点点第一次来到活动室,这是我们活动室开展的第二次活动,内容是做蛋糕。她向我表示自己上次没来活动,所以不知道怎么做蛋糕。

幼儿表现:在观察了同桌的同伴怎么做蛋糕后,她开始自己操作,她的每一步都做得很好,几乎不需要我的任何帮助,只有在不确定是否可以进行下一步时才会询问我。

我的做法:①观察点点在活动中的表现,判断她的操作能力后进一步观察,在她主动求助时给予帮助。②思考活动中点点还缺少哪一方面的能力(交

---

往能力），改变下一轮活动的形式，推进她合作交往能力的提高。

教师策略：观察、判断、等待；改变个体为小组合作的活动形式。

**第二轮活动**

活动背景：活动室第二轮的活动是做饼干，我请孩子们以小组合作的形式，合作完成前期饼干面团制作的部分。

幼儿表现：点点的动手能力在小组合作中表现得很突出，由于是自由结伴，合作的伙伴都是好朋友，他们都知道点点动手能力强，遇到高难度的操作都会主动提出让点点做。我在一旁观察的同时，提醒孩子们每个人都要尝试操作，可以轮流试试。点点和同伴商量如何分工一起做饼干面团。

我的做法：①观察点点的合作能力，鼓励点点多和同伴进行语言、行为沟通，一起商量分工合作。②思考点点在团队合作中的角色，在下一轮活动中给予她小小的任务，引导她成为小组长来帮助其他的伙伴，使她在合作中更加主动，从而建立自信。

教师策略：鼓励、激发、引导；突出点点在小组合作中的角色扮演；帮助建立自信。

**第三轮活动**

活动背景：活动室的第三轮活动内容是做毛巾卷，为了让孩子们能完整体验制作流程，我把前期材料的准备也交给孩子们自己完成。这次，我新加入了一个工具——电子秤。在听我介绍完电子秤的使用方法后，孩子们开始自行称重。

幼儿表现：点点在称重时，对电子屏上显示的数字面露难色。秤上带有小数点的数字对她有挑战，她能理解要称重 30 g 糖的意思，但是秤上显示"3.0"是不是就是 30 的意思，她存在疑惑并马上寻求我的帮助。

我的做法：①观察点点遇到困难时的表现，以及她解决问题的方法。②当点点向我求助时，倾听她的想法，告诉她"3.0"的意思，需要 30 g 的话，电子秤应该显示"3—0—0"。③陪同她完成整个称重的过程，确定是否解决了她的困难，她是否还需要其他帮助。

教师策略：观察、倾听、陪伴。

**第四轮活动**

活动背景：在经历了上一次毛巾卷饼皮的制作过程后，这次需要制作完整的毛巾卷了。孩子们采用分组合作的形式尝试制作，这轮活动的难点是打发奶油。

幼儿表现：点点这次在团队中做了组长，她指导同伴如何打鸡蛋，并在同伴表示打不动时，连忙接手继续搅拌。在搅拌的过程中，同伴提出分工完成接下来的步骤，点点负责打发奶油。用手动打蛋器来打发奶油有一定的困难，她向我提出了求助。

我的做法：①当点点表示流动的奶油没有变化时，我改变了工具，拿出了电动打蛋器，这个工具不能让孩子独立操作，因此我带着点点一起操作。②在打发的过程中，我让点点观察奶油的变化，自己说说奶油的变化（从流动到凝固，就是打发完成的状态）。③分享交流时，让点点说说手动打蛋器和电动打蛋器的区别。

教师策略：辅助、引发、建立平台。

以上定点观察的案例正是通过关键词将教师的策略内容进行了提炼，令这些策略可为今后"醇美"生活体验的各个活动室的教师在活动实施中使用并验证，循证这些策略还可以如何优化也会成为后续专项教研组继续研讨的内容。

### （三）"真问题"三：幼儿表征形式多样化

我园各个活动室开始引导孩子使用点读笔来记录表征自己的活动感想，在教研时，教师针对这个内容各抒己见，提出自己的困惑：

每次大班的孩子们都用自己的画笔将自己活动的过程、内容、做法等表征出来，虽然孩子们的笔触越来越老练了，但感觉到形式有点单一。

中班孩子的能力较大班弱，将自己的活动用画笔或者自己的讲述来表达表现，在能力上还不够。

……

针对教师提出的问题与困惑,我们进行了研讨:如何丰富形式? 如何根据幼儿的年龄特点,设计大班与中班的孩子能接受的表征形式,从而与生活体验活动进行互动? 活动实践了几次后,教师将自己的经验与大家分享。

## 案例一

"花花世界"主题活动中,教师认为体验活动室基于既定课程理念开设的"自然角大评比"这个活动,形式比较新颖,记录统计表征方式不同于其他活动中的内容。活动的小目标是:希望幼儿在仔细观察的基础上,对植物生长的情况、自然角布置的情况有一定的比较和概念,之后可以将活动中的经验和收获反馈到自己教室内的自然角中去,与园艺室的大目标相符合。

具体步骤:

① 初步了解植物的构造,尝试用自己的方法进行深入观察与记录。

② 能够根据观察与记录提出问题,并且有一定的探究问题的方法。

③ 愿意与同伴共同探索、相互分享有关植物的体验,培养喜爱、关心植物的情感。

## 案例二

图 6-13 "海派小吃"活动

"海派小吃"活动中,中班孩子们围在一起互相交流着、欣赏着同伴的作品。这种适合中班孩子的表征方式能成为教师调整活动内容与材料的推手,于是教师提供大量的饭团图片和各种制作创意饭团的视频以及工具(如动物、水果模具),改进食材的种类和数量,提供芝麻、海苔、麻油。孩子们将麻油、芝麻、海苔进行搅拌,再放入糯米,一起用调羹搅拌⋯⋯

幼儿在"醇美"生活体验中的表征，能体现出对活动的兴趣、理解、参与度、思考、表达表现等方面的情况。不同的活动室里参与体验的孩子对活动的表征方式是多种多样的，教师在教研后，互相学习了各自组织幼儿的表征形式，可能是幼儿自主表征的形式，也可能是在教师引导下的表征方式，呈现出来的内容还是比较丰富的。之后教师思考下学期如何运用表征方式体现孩子的自主性，怎样的表征形式是孩子乐于接受、更适合他们记录自己的活动的。

### （四）"真问题"四：新教师活动开展支持

新教师在参与"醇美"生活体验活动时会遇到比较多的困难。在理解课程理念、方案指引、活动观察，解读幼儿一系列内容的基础上，将它们内化为自身的教育思想，再显现为教育行为，需要一个比较长的过程。活动室内教师需要根据活动内容、幼儿的兴趣点、核心素养的培养方向来准备丰富的合理的活动材料，这是需要组内各位教师帮助新教师来共同成长提高的。

---

## 案　例

打破时间空间的教研，叶老师抛出问题：各位老师，关于体验活动我有以下几个问题，麻烦大家有时间时帮我解答一下哦。

1. 在活动设计上如何做到层层推进、环环相扣？

如：榨汁、拼盘活动相对独立，如何与后续的活动开展有效连接？

2. 在活动时如何激发幼儿的想象力与创造力？

如：给幼儿提供成型样品或图片后，幼儿的创造程度是否会降低？

3. 活动过程中，当有幼儿遇到困难时，以教师介入还是幼儿自主探索为主？

4. 当幼儿丧失兴趣时，如何提高幼儿的兴趣？

如：蔬果拼盘时，有的幼儿做到一半就放弃了，表示自己不愿意继续了。

5. 在活动中如何更深层地进行观察记录？

如：活动结束后，发现自己的记录太过宽泛。

回复1：小叶子，我以前负责蔬果屋，有很多这样的案例可以供你参考，结

---

合你自己的思考进行材料的提供，以及观察解读幼儿的方法。针对你的第
4个问题：老师可以为孩子们留下有趣的画面，并且分享给他们看，与他们
一同分享制作的快乐；另外，老师可以作为陪伴者，和孩子们一起玩，无论
是平面的蔬果拼盘还是立体的造型，老师的言语、表情、肢体以及其他方式
对孩子们的肯定，都能给孩子们带来不同程度的成功感，孩子们就能收获
快乐。

　　回复2：针对你提的第2个问题，我认为体验活动中应该充满蔬果的香
味，至于你说的榨汁、拼盘活动相对独立，这个是没有关系的。活动中，老师
应当提供大量的蔬果以及活动内容，给予孩子自主选择的空间，这样的活动
就会让孩子们感到好玩，兴趣就会被激发出来的。

　　回复3：……

图6-14　蔬果拼盘活动

　　教研组积极主动地为组内其他成员提供帮助，尤其是对新进教师的帮助，可以是
物质上的，也可以是思想上的，这样就能在教研组中营造出学习共同体的良好氛围，实
施合作、互补、动态推进的积极实践的机制。

## 二、赋予体验活动文化内涵，唤醒心灵之美

　　教师与幼儿作为课程的双主体，在课程领导力中有着相对独立性，双方必须依托我们幼儿园"醇美课程"的制度与文化才能获得更好的发展，而我们"醇美"生活体验活动的各项内容也需要有丰富的文化内涵与底蕴来支撑。

　　**"上海海派小吃"体验活动**阐述道：上海的海派文化源远流长，内涵丰富，其中的饮食文化更是丰富多彩。民间小吃是本地民风民俗的一个反映，具有历史文化价值。在"以家乡资源促师幼共同发展"的教学理念的指引下，我们尝试通过挖掘和弘扬海派饮食文化，让幼儿运用各种表现手段把自己对美食的情感和体验去表现出来，让他们在看看、做做、玩玩中，不断感受家乡的民俗风情，激发爱家乡的情感。

　　**"花花世界"体验活动**阐述道：插花艺术虽然是人为的，但是如果不尊重花材的特质，不理解花材与瓶器的材质搭配，感受不到这些来自自然的呼声，是没有办法将人的审美情趣与创作意志加诸作品的。教师要允许幼儿充分感知花材、理解瓶器。

　　**"二十四节气美食"体验活动**阐述道：我国古代劳动人民早就知道适时播种的重要，他们在长期的生产实践中总结出很多季节与农时关系的经验，编出许多掌握农时节令的歌诀并广为流传。二十四节气和根据各地不同的气候特点编制的农时节令歌诀，大大促进了农业生产的发展，至今在我国仍然十分流行。我们"醇美"生活体验课程在节气美食这一轮的活动中，让孩子自主探索各节气的风俗活动并产生浓厚的兴趣，在了解节气有趣现象的基础上尝试美食制作。在体验活动的过程中，幼儿通过欣赏图片与视频，选择感兴趣的内容进行展开，教师根据幼儿的需求提供相应的探索活动材料。幼儿在不断尝试的过程中发现问题，通过商量合作，寻求解决问题的方法，激发体验美食之美的乐趣。

　　人们的吃穿住行，首先就是"吃"。"醇美"生活体验活动中的美食制作，体现我国传统饮食文化的底蕴，引领孩子浸润式地参与其中，让师幼一起赋予美食美物以美的内涵，不停留于表面的视觉上的美，而是异质同构之美，直达心灵、唤醒心灵之美。

　　在组织大家解决"真问题"的教研中，大家惊喜地发现自己的能力提升了：一是问

题捕捉的敏感度提升了;二是梳理归纳总结的能力提升了;三是课程观四个"力"能纵贯全局了,立意更明晰了。

在教研活动中,组员能针对问题进行专业的研讨,把研讨变得更有效,总结出来的经验与策略能为今后工作所用。了解幼儿,了解幼儿发展的动力和过程,自然成为贯穿课程的核心要素。教育契机不是"无中生有""不可捉摸"的"艺术",而是在对幼儿完全了解的基础上对课程的灵活把握,实现"与幼儿共舞"的理想状态。

西幼教师带着思考的新起点,基于已实践总结的内容,不断深入研究。建立了一个有效的"学习、研究共同体",与大家一起面对困惑与问题,率先实践,做出表率。


# 第 六 节

# 思 行 合 一 与 课 程 领 导


在课程实施过程中,幼儿园的每位教师都是课程领导力的主力军。让每位教师深入这场攻坚战,需要建立推进支架。课程领导力的"四力"之间相互联系、不可割裂,四者实现同频共振才能够提高教师课程领导力的实效性。

西幼"醇美团队"文化建设保障机制能够增强教师对幼儿园课程共同体的信任和归属感,满足教师课程实践的专业发展需求,提供个性化发展支持,从而形成正螺旋上升的动力机制。"醇美"探究体验专项组组内共有 7 名成员,从整个团队教龄来看,以青年教师居多,5 年教龄以下的青年教师占了 72%,整个团队由于教育教学经验不足,缺少一定的判断、分析、应变以及总结归纳的能力,但是思维活跃、创造力强,具有较大的发展空间和潜力。

从探究体验活动内容上看,这 5 个活动室的内容覆盖科学、工程、艺术、建构等各领域,综合性强、整合度高,对于教师在活动的设计与开发、活动的实施、基于反思活动持续的推进、观察识别幼儿的能力、个人专业素养(技术)能力等方面都提出了更高的要求。

体验活动从内容确定到环境创设到组织实施都是以教师为核心来完成预设的，老师拥有了极大的课程自主权，他们愿意去做更多的尝试。但缺乏经验的青年教师面临诸多问题：如何基于幼儿的兴趣设计活动；如何根据活动内容的特质创设适合幼儿探索体验的环境；如何基于幼儿的发展需求推进活动；如何在活动开展过程中推动幼儿主动学习，老师如何支持；如何基于观察发现来解决活动存在的问题从而持续优化活动，等等。这些都是教师在实践过程中遇到的真实问题，项目组通过"领—导—力"帮助组员解决这些"难题"，让他们发现自己是能胜任这件事情的，激发老师不断完善、不断提升自己的积极意愿，从而真正调动内在动机、提升自身课程领导力。

## 一、价值引领——变"被动接受"为"主动卷入"

课程思想是抽象的，它看不见、摸不着；课程思想也是具体的，它可以实实在在具象存在。将课程思想具象化并呈现出来，不仅可以帮助教师进一步理解课程内涵，还可以为教师发挥课程领导力提供可借鉴的行动指引。我们围绕"醇美"体验活动室内容，梳理归纳活动共性化和个性化的核心要素，并将其转化为具体的观察要点，由此，我们的体验活动不再是由教师根据方案或者活动计划按部就班地执行，而是更关注幼儿在活动中的表现与创造，为幼儿体验的自主性创造了条件，也为教师进一步创生课程提供了行动指引。项目组帮助教师逐步理解课程理念，引导教师将理念落实到具体的教育行为中，教师对参与课程建设的惶恐与无措感逐渐消失，还因感受到课程成效和幼儿成长而产生了跃跃欲试的激情和冲劲。

青年教师在设计和实施体验活动过程中，往往会发现理念和实施之间的失衡导致活动走向"衰竭"。成熟教师告诉他们活动中要让孩子走在前，让孩子在活动中主动地去体验和探索，但是在实施过程中却实现不了，这时青年教师会感到"无力""不知所措""裹足不前"；长此以往，便会消极停滞，任其发展。老师会认定这些问题的出现是活动内容设置的问题，质疑这个活动对幼儿的发展是否具有价值，老师无法去改变和调整从而解决这个问题。如："小木匠"中，由于过高的木工技术限制了幼儿探索体验的兴趣和深度；"神笔小马良"中，操作材料单一，幼儿使用3D打印笔制作的内容有限，无法深入推进活动。这时，项目组就要围绕教师所发现的问题去分析，通过头脑风暴、思维碰撞来发现、挖掘活动的内在价值和发展的多种可能。让执教老师从被动地接受这一现状转变为主动卷入去寻求活动发展的突破口,促进教师自我价值认同。

## 二、实践导向——变"内卷"为"进化"

当下的网络热词"内卷"更多地表达了一种消耗精力的死循环。我们的专项教研一直在对关于教师的观察、识别、支持、回应进行研讨。我们发现很多青年教师疲惫于想要推动幼儿发展而去做些可有可无的事情,如为了让孩子获得些什么(如合作能力)去打扰到幼儿活动计划或者忽视幼儿的意愿,在这个过程中老师发现她所做的"支持回应"并没有起到一定的效果,反而进入了死循环。专项组应为教师的"领导"保驾护航,基于实践案例研究,和项目组成员加强对话,深度研讨,凝练不同活动阶段中教师支持与回应方法的关键词,并迁移至课程实践中,帮助教师破"圈"而出,课程执行力和评价力得到进一步提升。

## 三、合力前行——变"旁观"为"亲历"

变"旁观"为"亲历",能增强教师课程领导力提升的效率。每一个活动室的活动在实施过程中都会产生个性化的难点和共性化的问题。共性问题可通过经验辐射解决,而个性化难点的合力化解是项目组迸发合力、提升教师课程领导力的焦点。

教师的课程领导力离不开项目组内成员或者项目组之间的相互作用、相互影响。其中,项目组组长的课程领导力有助于引领教师寻求课程建设的价值取向,有助于规范教师在实践中的教育行为并促进教师逐渐形成课程行为自觉,有助于指导教师逐步形成落实于行动的课程力量;项目组组员的课程领导力有助于点燃教师自身内部主动生长的本能与激情,有助于在经验传递、脑力激荡、质疑反思过程中开启教师领导课程的智慧之门,有助于在反复的"实践—反思""互学—互动"过程中持续提升教师的课程领导力。如:吸收"生活组"回归生活、角色体验的特质,思考如何使探究体验活动更具情境性;提炼"艺术组"感知艺术、创造艺术的特质,思考如何引发幼儿在科学探究的过程中创造想象,体验科学中的"美学";基于探究组的"自主探索、善于发现、敢于提问、尝试解决"的核心价值,让教师拥有使幼儿在"玩"科学的过程中体验自主权利的课程设计和实施能力。

　　我们将"醇美"探究体验活动内容分为两大类：一类为科学探究类（"小小探索家"
"水上乐园"）；一类为综合探究类（"神笔小马良""小工匠""小小建筑师"）。同时，将类
型相似的活动室教师组成助力团队，在活动设计、组织实施、环境创设等方面互为辅
助、互为借鉴。如"小工匠"活动中，教师以"驱动式提问"引发幼儿开展"项目化学习"，
充分体现幼儿在探究体验过程中的主动性。将这一活动形式和策略运用到"神笔小马
良"活动室，是否能破解"幼儿机械化操作而无真探究"的现状？若遇到"水土不服"的
状况，助力团队共同进入活动现场参与活动实施，组长示范引领、组员共寻问题，活动
后团队跟进反思、总结反馈落地于活动设计中。通过多种形式调动组内所有成员共同
分享探讨、群体合作，将个人设计变为组内共同设计、将别人的问题当作自己的问题，
不仅保证活动设计的合理性、环境创设的适宜性、活动中幼儿发展评价的精准性，更能
提升教师在真实教学问题情境中的应对能力，只有"亲历"问题才能寻找课程的生长
点，只有"亲历"解决过程才能和课程、幼儿共呼吸、共生长，才能看到自己作为教师生
长的力。

附录

# "醇美课程"操作指南及评价指标

# "醇美"体验活动操作指引

表1　西街幼儿园"醇美"美术体验活动操作指引

| 目标 | 1. 通过创设渲染环境,使幼儿能初步了解中国传统的民间文化艺术,并能体验玩印章、扎染、造纸、泥塑等民间传统艺术的快乐,萌发热爱民间艺术的情感。<br>2. 幼儿乐于运用多种工具、材料或不同的表现手法来创作作品,并表达自己的感受与想象。<br>3. 在体验的过程中,幼儿能发现问题、探究问题,并愿意与同伴商量合作,解决问题。<br>4. 幼儿愿意和同伴分享交流自己的创作体验,并能运用自己制作的艺术作品布置环境。 |
|---|---|
| 观察要点 | 情景导入<br>1. 幼儿对活动室内容的选择。(自主选择)<br>(怎么选择?选择了什么内容?用动作或是语言来表达自己的选择)<br>2. 幼儿对活动室的内容感兴趣程度。(参与游戏、同伴互动)<br>(参与游戏的兴趣:积极和同伴互动、操作材料、参与探索)<br>3. 幼儿对环境、材料的认识。(参与游戏、成人互动)<br>(能说出活动的内容、材料)<br>体验拓展<br>1. 幼儿在探索体验过程中与成人或同伴的互动情况。(同伴互动)<br>(幼儿和同伴有些什么互动,和成人怎么互动)<br>2. 幼儿与材料进行互动的情况。(参与游戏)<br>3. 幼儿在操作的过程中有无遇到困难?怎么解决的?(解决问题)<br>4. 幼儿在体验过程中是怎样发现操作规律和原理的?(识别属性)<br>5. 幼儿参与活动的持久度、探索进程、探索方法、遇到的问题等。(参与体验)<br>表现创作<br>1. 幼儿如何使用各种工具和材料来创作作品?(参与体验、解决问题)<br>2. 幼儿是否能发现每个活动项目中的关键步骤和动作?(精细动作)<br>3. 幼儿在创作作品时是否能出现细节部分?(绘画表达)<br>4. 幼儿在创作过程中的互动。(交流互动) |

| | |
|---|---|
| | 5. 幼儿是否有较为持久的创作热情？（参与体验）<br>分享回顾<br>1. 幼儿能否在同伴面前大胆地、清楚地介绍自己的活动过程和收获？（表达表述）<br>2. 幼儿能否介绍自己在操作体验时的发现，以及分享自己在活动中遇到的困惑？（语言表达、倾听理解）<br>3. 幼儿是否能对同伴的介绍和提问有所回应，做出回答？（倾听理解、解决问题）<br>4. 幼儿观看在活动室的活动过程和各种成果作品制作成的小视频，引发讨论。（倾听理解）<br>5. 幼儿是否能通过各种方式对本次探索的问题、发现或者成果进行记录？（记录分享） |
| 支持策略 | 1. "醇美环境"创设，激发幼儿参与的兴趣。如：<br>● 为幼儿创设中国传统民间艺术的环境，引发幼儿欣赏和参与的兴趣。<br>● 在和环境、材料的互动中，引导幼儿去收集更多的活动资料，让幼儿对传统民间艺术能更了解。<br>2. 尊重幼儿选择，支持幼儿的探索行为。如：<br>● 以尊重幼儿的选择为主，让能自己选定活动内容的幼儿自主探索。<br>● 对于有些东看看西瞧瞧的幼儿，通过询问"你想尝试一下什么内容，我们一起来玩好吗？"带动幼儿一起玩。<br>● 倾听幼儿的表述，了解幼儿的想法，收集一些幼儿对活动内容了解程度的信息。<br>● 支持幼儿的想法，鼓励幼儿思考"你准备怎么玩？"的活动计划。<br>3. 引导幼儿观察、发现艺术创作的方法。如：<br>● 观察幼儿的作品，引导幼儿说说制作过程，帮助幼儿发现制作步骤中的问题。<br>● 鼓励幼儿：看看这些作品是怎样做的？你还想怎么来设计作品？<br>● 认可幼儿的创作，并对幼儿的想法加以鼓励和支持。<br>● 通过提问等方式引导幼儿思考并讨论过程中出现的问题。<br>● 支持和鼓励幼儿大胆联想、猜测问题的答案，并激发幼儿在操作中去验证。<br>● 鼓励幼儿用录音、图片、照片、符号等方法记录自己遇到的问题，并将问题呈现在展板上，供大家讨论。<br>● 对于幼儿用不同材料创作的各种作品和很有想法的作品，给予鼓励评价，并且引发幼儿相互间对作品专业性的交流。<br>4. 鼓励幼儿分享经验，使幼儿感受传统艺术的美。如：<br>● 肯定幼儿的观点，创设宽松自由的分享氛围。<br>● 鼓励幼儿分享玩法经验，帮助幼儿梳理总结。<br>● 收集各种问题，制作成问题墙，引发大家交流、实践、找答案。 |

续表

| | ● 作品交流分享,使幼儿感受传统艺术的美。<br>● 鼓励幼儿专心听同伴的交流分享,共同制定下次活动的计划。 |
| --- | --- |

表2　西街幼儿园"醇美"生活体验活动操作指引

| | |
| --- | --- |
| **目标** | 1. 通过创设渲染环境,使幼儿初步了解中国传统生活中的内容,体验传统美食制作的有趣之处。<br>2. 在生活体验过程中,幼儿自主收集活动资料,寻找活动中的兴趣点并作为活动内容,乐意提出问题,尝试寻找解决问题,发展合作交往能力,并对传统美食有进一步探索和创作的兴趣。<br>3. 幼儿在活动中主动操作提供的工具,了解各种工具的使用方法。 |
| **观察<br>要点** | 情景导入<br>1. 关注幼儿对活动室内容的自主选择与兴趣点。(自主选择、参与游戏)<br>2. 关注幼儿对活动室环境与材料的认识与探索。(自主建构)<br>3. 关注幼儿是否能积极与同伴或成人产生互动。(同伴与成人互动)<br>体验拓展<br>1. 关注幼儿在探索和创造过程中与成人或同伴的互动情况。(同伴互动、成人互动)<br>2. 关注幼儿在操作的过程中遇到的困难以及解决方法。(自主解决问题;同伴、成人互动解决问题)<br>3. 关注幼儿参与活动时发现中国传统生活中的"秘密"。(同伴合作)<br>4. 关注幼儿理解传统美食制作的过程。(识别属性)<br>表现创作<br>1. 关注幼儿在参与节气活动与美食制作过程中活动的兴致,以及与同伴互动的情况。(同伴互动)<br>2. 关注幼儿使用传统食材时,是否能借助各类工具制作探索自己想象理解中的美食。(参与体验、解决问题)<br>3. 关注幼儿在活动中不同于同伴的求异思维。(手工表征)<br>4. 关注幼儿与同伴合作一起探究团队活动时的协商与操作。(同伴合作)<br>5. 关注幼儿在创作甜品的过程中是否拓宽了想象力。(建构创作)<br>分享回顾<br>1. 关注幼儿在集体面前能否大声清晰地表达出自己的想法(活动制作的过程、成功的体验)。(语言表达)<br>2. 关注幼儿是否能对同伴的介绍能专心倾听,同时提出疑问。(倾听理解) |

| | |
|---|---|
| | 3. 关注幼儿能否对自己的操作方法与作品进行自评。(语言表达) |
| | 4. 关注幼儿对于传统生活中的美食内涵的理解。(理解表达) |
| 支持策略 | 1. 引导幼儿关注中国传统文化生活中的内涵,创设宽松自由的分享讨论氛围,与幼儿共同展开即时与集体分享,引发生生互动、师生互动。 |
| | 2. 为幼儿提供网络电子设备,通过视频、图片等内容探索传统文化生活中的"秘密"。 |
| | 3. 支持幼儿的想法,鼓励幼儿思考"你准备怎么玩?"的活动计划。 |
| | 4. 抛出问题,引导幼儿找找活动失败的原因,鼓励幼儿多次尝试,帮助幼儿记录过程,鼓励幼儿自己用表征方式记录探索过程。 |
| | 5. 当幼儿将材料当作玩具重复摆弄时,可以使用平行游戏、片段式分享等方法,用同伴或成人的探索激发幼儿继续探索的兴趣。 |
| | 6. 为幼儿活动的精彩瞬间进行定点或定向视频拍摄,与照片拍摄一起成为记录分析的第一手实证资料。 |
| | 7. 邀请家长志愿者与民间手艺人负责传统美食制作活动中的现场操作、实物演示。 |
| | 8. 对于幼儿提出的新材料需求,请幼儿进行绘画记录,并将记录粘贴在"我的需要"问题墙上,作为预约材料。 |
| | 9. 引发幼儿主动分享活动经验,鼓励幼儿用完整的语言表述自己的想法,帮助梳理总结,给予评价,引发幼儿相互间对美食制作产生进一步的交流。 |
| | 10. 和幼儿一起将收集的各种资料做成展板,并录好音、配上点读笔,放在活动室,让每位幼儿都可以倾听内容。 |

### 表3  西街幼儿园"醇美"探究体验活动操作指引

| | |
|---|---|
| 目标 | 1. 通过创设纯正且富有探究之美的环境,激发幼儿对探究材料的兴趣并乐于探索发现,在投入探究和持续体验中获得成长的快乐。 |
| | 2. 幼儿学会运用多种方法认识周围事物的规律,具备正确观察与解释现象的能力。 |
| | 3. 在活动中,幼儿乐意和同伴交流合作,共同探索。 |
| 观察要点 | 情景导入 |
| | 1. 关注幼儿进入活动室的行为表现,能否积极主动地参与游戏。(参与游戏) |
| | 2. 关注幼儿是否对活动室的环境、材料、工具等感兴趣。(体验动机) |
| | 3. 关注幼儿是否有意识地对自己或团队的探索进行计划。(自主计划) |
| | 4. 关注幼儿对于操作材料的认识与操作。(主动建构) |
| | 体验拓展 |
| | 1. 关注幼儿在探索和创造过程中与成人或同伴的互动情况。(师幼互动、同伴互动) |

| | |
|---|---|
| | 2. 关注幼儿在探索中遇到问题时如何进行解决。（解决问题）<br>3. 关注幼儿活动参与的持久度、探索进程、探索方法、遇到的问题等。（参与体验）<br>4. 关注幼儿是否能对观察到的现象进行合理的判断、分析和解释。（因果推理）<br>表现创作<br>1. 关注幼儿在探索创造的过程中与制定计划的匹配度。（建构创造）<br>2. 关注幼儿在创造过程中遇到问题如何解决。（解决问题）<br>3. 关注幼儿是否能创造性地运用材料、工具大胆探索、表现、创造，并将不同效果进行对比，解释其原因。（逻辑推理）<br>4. 关注幼儿在创作过程中的互动。（交流互动）<br>分享回顾<br>1. 关注幼儿能否大胆、清晰地用语言表达自己的探索过程或结果。（表达展示）<br>2. 关注幼儿是否能对同伴的发现、创造或问题进行回应、解答。（倾听理解）<br>3. 关注幼儿是否能清晰表达呈现效果的原因，或者对自己或他人的操作进行预测。（因果推理）<br>4. 关注幼儿是否能通过各种方式对本次探索的问题、发现或者成果进行记录。（记录分享） |
| 支持策略 | 1. 创设"醇美"物质环境和心理环境，激发幼儿好奇心与探究欲望。如：<br>● 为幼儿创造具有探究性的环境，提供一些有趣的探究工具，用好奇心和探究积极性感染和带动幼儿。<br>● 和幼儿一起发现并分享新奇、有趣的事物或现象，一起寻找问题的答案。<br>● 鼓励幼儿通过拍照和画图等方式保留和积累有趣的探索与发现。<br>2. 真诚地接纳、多方面支持和鼓励幼儿的探索行为。如：<br>● 认真对待幼儿在活动中发现的问题，引导幼儿大胆猜想、假设，并和幼儿共同做一些调查或实验。<br>● 容忍幼儿因探究而弄脏、弄乱甚至破坏物品的行为，引导幼儿活动后进行整理。<br>● 多提供能操作、多变化、多功能的探究材料，在保证安全的前提下，鼓励幼儿尝试拆装、动手制作等。<br>3. 有意识地引导幼儿观察事物或现象，学习观察的基本方法。如：<br>● 支持幼儿的观察，对其发现表示赞赏及认可。<br>● 通过提问等方式引导幼儿思考并对事物进行比较观察和连续观察。<br>● 引导幼儿在观察和探索的基础上，尝试进行简单的分类、概括。<br>4. 支持和鼓励幼儿在探究过程中积极动手动脑寻找答案或解决问题。如： |

- 鼓励幼儿根据观察或发现提出值得继续探究的问题,或教师提出有探究意义且能激发幼儿兴趣的问题。
- 支持和鼓励幼儿大胆联想、猜测问题的答案,并激发幼儿设法验证。
- 支持引导幼儿用适宜的方法探究和解决问题,或为自己的想法、猜测收集证据。

5. 鼓励和引导幼儿学习做简单的计划和记录,并与他人交流分享。如:
- 和幼儿共同制定探索计划,讨论探索步骤与方法等,也可以和幼儿一起用图示等标识呈现计划。
- 鼓励幼儿用绘画、照相等办法记录观察和探究的过程与结果,注意要让记录有意义,通过记录帮助幼儿丰富观察经验、建立事物之间的联系和分享发现。
- 支持幼儿与同伴合作探究、分享交流,引导幼儿在交流中尝试整理、概括自己探究的成果,提出、共同讨论自己探索过程中发现问题的解决方案,体验合作探究和发现的乐趣。
- 通过各种形式帮助幼儿回顾自己的探究过程,讨论自己做了什么、怎么做的、结果与计划目标是否一致,分析一下原因以及下一步要做什么。

6. 支持幼儿在体验活动中积累有益的直接经验和感性认识。如:
- 和幼儿通过参观考察等活动,感知事物的多样性和独特性。
- 提供丰富的材料和适宜的工具,支持幼儿在体验过程中探索并感知物质、材料等的特性和物体的结构特点。

7. 引导幼儿在探究中思考,尝试进行简单的推理和分析,发现事物之间明显的关联。如:
- 引导幼儿根据物质、材料的特性和物体的结构特点,推测和证实它们的用途。
- 引导幼儿根据自己一系列探索发现的现象、变化等,推测和分析其发生的原因。

8. 引导幼儿关注和了解自然、科技产品与人们生活的密切关系,逐步发现科学中的美。如:
- 结合幼儿生活,引导幼儿在体验中感受人与自然的关系。
- 和幼儿一起讨论科技和生活之间的关系,发现科技在生活中的运用。

#### 表4 西街幼儿园"醇美"音乐探究活动操作指引

| 目标 | 1. 通过创设纯正且富有探究之美的环境,激发幼儿对乐器、道具等探究材料的兴趣,并乐于探索发现,能在体验中获得成长的快乐。<br>2. 幼儿愿意运用多种方式,如肢体、符号、文字、图画等,表达和记录自己的发现。<br>3. 幼儿在活动中,乐意和同伴交流合作、共同探索。 |
|---|---|

| | |
|---|---|
| 观察<br>要点 | 情景导入<br>1. 关注幼儿进入活动室的行为表现，能否积极主动地参与游戏。（参与游戏）<br>2. 关注幼儿是否对活动室的环境、乐器、道具等材料感兴趣。（体验动机）<br>3. 关注幼儿是否有意识地对活动内容进行自主选择。（自主计划）<br>体验拓展<br>1. 关注幼儿在探索和创造过程中与成人或同伴的互动情况。（师幼互动、同伴互动）<br>2. 关注幼儿对于体验材料的兴趣与探索方式(包括图谱)。（探索方式）<br>3. 关注幼儿在探索中遇到问题时如何进行解决。（解决问题）<br>4. 关注幼儿活动参与的持久度、探索进程等。（参与体验）<br>表现创作<br>1. 关注幼儿是否能跟着音乐，用适宜的方式演奏乐器或进行肢体表达。（表达表现）<br>2. 关注幼儿在创造过程中的学习方式(或独自或合作)，以及能否共同学习。（交流互动）<br>3. 关注幼儿在表现过程中呈现的情感美与艺术美。（创造力）<br>分享回顾<br>1. 关注幼儿能否大胆、清晰地用语言表达自己的创作过程或结果。（表达展示）<br>2. 关注幼儿是否能对自己和同伴的表现进行自评或他评，甚至两者相结合。（倾听理解）<br>3. 关注幼儿是否能将自己的创意、想法、开心事，用符号、文字等方式记录，是否有兴趣和同伴分享。（记录分享） |
| 支持<br>策略 | 1. 环境、材料、教师三者构成活动氛围，激发幼儿欣赏、探究的欲望。如：<br>● 为幼儿创造具有可欣赏、可探究的艺术环境，提供一些好玩的乐器、道具等材料，用积极、热情的情感激发幼儿的好奇、探究欲望。<br>● 和幼儿一起发现并分享新奇、有趣的乐器和舞蹈表演道具，一起寻找可演奏或表现的方式。<br>● 鼓励幼儿通过符号、画画、文字、照片等方式，记录自己的发现和想法。<br>2. 多感官体验、全方位支持，顺应探索行为，提升幼儿的成功感、满足感。如：<br>● 关注情感体验，享受探索过程，顺应幼儿对美的理解和表现。<br>● 引导幼儿发现舞蹈动作与道具材料之间的互动关系(例如大跳动作适合拿什么道具表达，丝巾适合做什么动作、表现什么情绪)，并适时调整和增添必要的材料。<br>● 引导幼儿发现音乐节奏与旋律之间的关系。<br>● 师幼共同演绎，运用多感官体验，提升对"醇美"音乐艺术的理解和表达。<br>3. 同伴互助，尝试共同解决问题。如： |

● 发挥"小团长"的作用,带动个别能力较弱的幼儿共同游戏。

● 鼓励幼儿大胆创编节奏、肢体动作,在过程中抛出问题、解决问题。

● 提供具有感染力的演奏视频,供幼儿欣赏、模仿,引发生生互动。

4. 留下探索轨迹,分享积累宝贵经验。如:

● 肯定幼儿的想法,适时、有策略地参与其中,为幼儿的创作表达提供支撑。例如引导幼儿思考舞蹈的组织形式、队形、轮流、替换、动作等;适时帮助幼儿组织规范的舞蹈词汇语言;让幼儿在活动中有自信地进行表达,能够理解表达创作动作的意图。

● 鼓励幼儿利用不同的乐器、道具进行表达,感受不同的表达方式与情绪情感的呼应。

● 引导幼儿商量分工合作,让幼儿学会倾听、欣赏,愿意发现同伴或是其他作品的闪光点,共同制定下次活动的计划,确定乐于继续挑战的动作内容或图谱等。

● 参与幼儿探索过程的轨迹呈现,利用照片、符号、文字、图画等记录过程。

### 表5 西街幼儿园"醇美"语言体验活动操作指引

| 目标 | 1. 在自然宽松的语言交往环境中,幼儿认真倾听并能听懂常用语,愿意讲话并清楚地表达。<br>2. 幼儿通过丰富的读物培养阅读兴趣和良好的阅读习惯,进一步拓展学习经验。<br>3. 在活动中,幼儿乐意和成人、同伴交流合作,大胆表达表现。 |
|---|---|
| 观察<br>要点 | 情景导入<br>1. 幼儿与语言环境的互动。(自主选择)<br>2. 幼儿对活动内容的兴趣程度。(情绪理解)<br>3. 幼儿的游戏状态。(参与游戏)<br>4. 幼儿是否会在浸润式的语言环境中激发表达热情?(体验动机)<br>体验拓展<br>1. 在丰富童趣的图画书、动画、有声读物中,幼儿以多维方式浸润阅读。(活动参与)<br>2. 在童谣、故事和诗歌等不同体裁的儿童文学作品中,幼儿自主选择和阅读。(自主选择)<br>3. 幼儿以自己的经验为基础理解图书内容。(阅读理解)<br>4. 幼儿与同伴、成人交流,讲述自己的发现、体会和想法。(同伴互动,成人互动)<br>表现创作<br>1. 幼儿大胆猜测、想象故事情节发展,改编或续编结尾。(交流表达)<br>2. 幼儿自主协商表演故事。(同伴互动,解决问题)<br>3. 幼儿在表演过程中对故事人物有自己的理解和表现。(表达表现) |

| | |
|---|---|
| | 4. 幼儿在合作中共同表演。（同伴互动）<br>5. 幼儿有较为持久的故事表演热情。（参与体验）<br>分享回顾<br>1. 幼儿对表演作品通过写写画画进行表征表达。（表达表述）<br>2. 幼儿对语言组联动的评价与理解。（同伴互动） |
| **支持策略** | 1. 师幼醇美生动的语言交互，激发幼儿认真倾听。如：<br>● 多给幼儿提供倾听和交谈的机会，和幼儿一起看图书、讲故事。<br>● 引导幼儿学会认真倾听，等别人讲完再表达自己的观点。<br>● 结合故事情境使用丰富的语言，讲故事时，关注人物高兴、悲伤等语气、语调进行表现，便于幼儿倾听理解。<br>2. 创设醇美宽松的语言交往环境，鼓励幼儿大胆表达。如：<br>● 活动中有足够的时间和幼儿交谈，认真倾听并积极回应。<br>● 鼓励、支持幼儿和同伴交流看过的图书、动画片。<br>● 鼓励幼儿清楚表达，提醒幼儿不着急、慢慢说，同时耐心倾听，给予必要补充，帮幼儿厘清思路并清晰表达。<br>● 关注幼儿的文明语言习惯与礼貌用语。<br>3. 丰富读物，培养幼儿的阅读兴趣，拓展幼儿的学习经验。如：<br>● 为幼儿提供良好的阅读环境和条件，如一定数量、符合幼儿年龄特点、富有童趣的图画书、有声读物等，保证幼儿自主阅读。<br>● 激发幼儿的阅读兴趣，培养阅读习惯。如提供传统童谣、民间故事、成语故事、诗歌等不同体裁的儿童文学作品，让幼儿自主选择和阅读。<br>● 当幼儿对某些文学作品感兴趣或有困惑时，和幼儿一起查阅资料，体会通过阅读获取信息的乐趣。<br>4. 使幼儿初步理解文学作品内涵，大胆表达再现经典。如：<br>● 引导幼儿仔细观察文学作品的画面，结合画面讨论故事内容，建立画面和故事内容的联系。<br>● 幼儿间共同讨论、回忆故事情节，引导幼儿有条理地说出故事的大致内容，鼓励幼儿自己为故事命名，讨论自己的发现、体会和想法。<br>● 在阅读中发展幼儿的想象力和创造力，鼓励幼儿用故事表演、绘画等方式表达对故事的理解。<br>● 引导幼儿感受文学作品的美，有意识地欣赏、模仿文学作品的语言节奏和韵律，通过表情、动作、抑扬顿挫的声音传达情感，体会作品的感染力和表现力。<br>5. 使幼儿具备书面表达的愿望，愿意大胆分享自己的理解。如： |

续表

| | ● 幼儿在写写画画中体验文字符号的功能,培养书写兴趣。投放幼儿可以随时取放的纸、笔、点读笔等材料,满足幼儿自由涂画的需要。<br>● 鼓励幼儿将自己感兴趣的故事画下来并讲给别人听,使幼儿体会到写写画画的方式可以表达自我的想法和情感。<br>● 把幼儿讲过的故事用简要的文字记录下来,使幼儿感知文字的用途。 |
| --- | --- |

表6　西街幼儿园"醇美"运动体验活动操作指引

| 目标 | 1. 在富有情趣的醇美运动情境中,幼儿激发乐于运动的心理,在投入运动和体验运动之美中获得成长的快乐。<br>2. 幼儿在运动中发展动作能力,具有一定的平衡能力、力量和耐力,养成良好的运动习惯。<br>3. 在活动中,幼儿能尝试和同伴沟通商量,共同完成一些运动内容。 |
| --- | --- |
| 观察<br>要点 | 情景导入<br>1. 关注幼儿进入活动室的行为表现,能否积极主动参与游戏。(参与游戏)<br>2. 关注幼儿是否对活动室的环境、器材、道具感兴趣。(体验动机)<br>3. 关注幼儿对运动情境的感兴趣程度。(情绪理解)<br>4. 关注幼儿与道具或器材的互动。(自主选择)<br>体验拓展<br>1. 关注幼儿活动参与的持久度、遇到的问题等。(参与体验)<br>2. 关注幼儿在运动中的动作发展,以及喝水、擦汗、注意安全等运动习惯。(运动能力)<br>3. 关注幼儿在运动中遇到问题时如何解决。(解决问题)<br>4. 关注幼儿在体验过程中与成人或同伴的互动情况。(师幼互动、同伴互动)<br>表现创作<br>1. 关注幼儿在运动中是否能有饱满的运动激情。(参与体验)<br>2. 关注幼儿在运动的过程中对背景音乐的理解与表现。(音乐表达)<br>3. 关注幼儿在运动中进行动作的创编。(建构创作)<br>4. 关注幼儿在运动过程中是否能沟通商量。(交流互动)<br>分享回顾<br>1. 关注幼儿能否大胆地用语言和动作表达自己的运动过程或收获。(表达展示)<br>2. 关注幼儿是否能对同伴的运动介绍或提问进行回应。(倾听理解)<br>3. 关注幼儿是否能通过各种方式对本次运动体验的收获或者困惑进行记录。(记录分享) |

续表

| | |
|---|---|
| **支持策略** | 1. 创设富有情趣的"醇美"运动情境，激发幼儿的运动激情。如：<br>● 为幼儿创造具有情境性的环境，在情境中渲染运动氛围，带动幼儿共同运动。<br>● 与幼儿共同了解相关的运动文化，讨论运动的音乐与道具，共同展现运动文化，激发幼儿的运动兴趣。<br>● 和幼儿一起发现并用拍照或画图的方法记录运动动作或行进路线，一起探寻运动的好方法。<br>● 用自己的运动激情感染和带动幼儿。<br>2. 真诚地接纳、多方面支持和鼓励幼儿的运动行为。如：<br>● 为幼儿准备多种运动道具或器材，鼓励幼儿选择自己喜爱的道具开展运动。<br>● 考虑幼儿的年龄特点，提供适合他们年龄特点的运动道具。<br>● 考虑不同幼儿的动作发展，为幼儿提供运动发展支架。<br>● 逐步培养幼儿的运动习惯，不可因幼儿弄脏、弄乱或破坏运动道具的行为而厉声斥责他们，引导幼儿运动后进行整理。<br>3. 有意识地引导幼儿发展动作技能以及运动习惯。如：<br>● 鼓励幼儿在已有的运动能力基础上，尝试进行更难一些的动作。<br>● 以欣赏的态度对待幼儿的运动发展，对其发展的运动技能或坚持性表示赞赏及认可。<br>● 通过提问等方式引导幼儿讨论并养成运动公约。<br>● 在运动过程中，引导幼儿关注自己的擦汗、喝水、穿脱衣物等需求，学会保护自己，养成良好的运动习惯。<br>4. 鼓励和引导幼儿学习做简单的运动记录，并与他人交流分享。如：<br>● 鼓励幼儿用绘画、照相等方法记录运动的过程或收获，注意要让记录有意义，通过记录帮助幼儿丰富运动经验。<br>● 支持幼儿与同伴共同运动与分享交流，引导幼儿在交流中用动作或语言大胆表现，共同分享或提出自己在运动过程中的发现或困惑，体验共同运动的乐趣。<br>● 通过各种形式帮助幼儿回顾自己的运动过程，讨论自己做了什么。 |

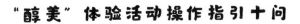

# 二

# "醇美"体验活动操作指引十问

**第一问:如何利用幼儿园自身资源优势,积极开创符合本园实际的园本课程?**

## 一、幼儿园园内资源的利用

### (一) 利用园内设施条件,开发利用课程资源

活动室是幼儿园开展教育的场所资源。教师应学会利用班级教室以外的空间,如各类体验活动室、图书馆、书画室、种植角等,充分利用园内的每一寸土地。如美工室活动不仅仅局限在室内,教师可以尝试和孩子到花园里寻找春天,从而丰富幼儿热爱植物、热爱自然的情感。我园的园史图书馆中准备了许多书籍与材料,这些资源同样可为幼儿的社会教育提供有效的支持等。我们应尝试在有限的空间中尽可能增大资源的张力。

### (二) 充分利用和开发网络资源,丰富幼儿园园本课程

利用网络、多媒体资源进行教育,这样既能够直观向幼儿展示课程内容,也能解决一些由于受现实条件限制而无法解决的问题。简单生动的多媒体播映,是学前阶段孩子能够快速理解和喜欢的学习方式。在科常活动方面,活动室的老师也可以借助信息手段,例如投放电子设备,通过语音输入让孩子自主地借助网络搜索引擎探索自己感兴趣的知识和内容。同时,网络还能加强园方与外界的联系。教师可以通过微信、公众号、"孩子通"等信息平台与外界进行沟通与传播,可以选择接受和学习别人的新的教学模式和理念;各种幼教网站也为老师与孩子的学习提供了很好的素材。

## 二、幼儿园园外资源的利用

### （一）利用家长资源，使家长成为课程的设计者、组织者和实施者

随着课程改革的深入，向家长开放、充分挖掘利用家长教育资源已成为幼儿教育的重要教育观念之一，家长的参与意识也逐步提高。家长不同于受过专业教育的幼儿教师，他们能提供相应的帮助，但他们在如何用孩子的语言与孩子们沟通，如何采用灵活的幼儿教学方法等方面，还需要进一步的学习。我们可以邀请相关有经验的家长志愿者参与到幼儿园的活动中，例如我们在中国功夫的活动中邀请了精武体育馆的武术爷爷来为孩子助教，其言传身教给孩子独一无二的沉浸式体验。

在与家长沟通时要注意三点：第一，做好家长参与幼儿园活动的前期准备；第二，指导家长参与幼儿园活动；第三，家园共育，同步进行。

教师要努力使家长和热心幼教事业的人员从旁观者转变为志愿者。我园设立家长社团，制定了家委会制度，积极推动家长参与幼儿园的各类活动，如发展家长志愿者进行社会观摩学习，发起家长座谈会研讨育儿经验，邀请家长助教员开展学习，等等。新生家长会、亲子运动会、亲子嘉年华、家长开放日等形式，使家园互动的密度增强，家园合力效果增强，对促进幼儿身心发展起到了积极作用。

### （二）利用社会资源、使社区资源成为多元化，本土化的课程助力

社会资源包括幼儿园四周的环境设施、人文氛围及人群结构等。开发利用社会资源，让幼儿参加社会调查、社会实践活动，从更多的渠道获得信息，获得对社会状况的初步认识。

幼儿通过与社会中的人和物充分接触，了解社会的分工合作、成人的劳动，增进幼儿对自身、他人和社会的理解。如：我园于活动室发起保护地球的提倡，组织幼儿举行环保创意秀，将幼儿与家长用废旧材料制作的环保作品进行展示；联动青少年艺术活动中心开展了有关中国传统文化的体验活动；邀请社区中心的非遗文化传人与孩子一起捏泥人、吹糖画、剪红纸，让幼儿熏陶我国匠心文化；组织幼儿参观消防队，沉浸式体验消防员的勇敢与无私；组织幼儿参观小学，了解小学生的生活，进行幼小衔接，等等。

**（三）利用自然资源，将自然环境变成幼儿园课程资源的宝库**

日常的学习活动普遍采用渗透式教学，儿童对知识掌握很多，可是对大自然的感情却很淡薄。所以我们要充分开发和利用自然资源，让幼儿去亲密接触自然界，感受自然，培养对自然的热爱。

户外活动是培养幼儿对自然的感情的最好方法，对自然美好的亲身感受让幼儿体验到自然环境的无穷魅力。幼儿园可以在各个季节带幼儿去感受大自然，如春游、秋游等。

课程资源需要教师去组织、去开发、去利用，教师应当学会主动地、有创造地利用一切可用资源为教育教学服务。教师还应该成为幼儿利用课程资源的引导者，引导幼儿走出教科书，走出课堂和幼儿园，充分利用园内外的各种资源，在社会的大环境里学习和探索。

## 第二问：活动中如何呈现幼儿的探索轨迹?

在"醇美教育"体验活动中，幼儿通过沉浸式的体验探索，感受活动室的文化与内容，那么活动室的环境创设就显得格外重要。在环境创设中，除了材料工具的投放以外，我们更需要通过呈现幼儿的探索轨迹，从孩子的角度出发，把环境还给孩子，让孩子的思想、想法和成长被看到。

那么如何呈现幼儿的探索轨迹呢?

### 一、探索轨迹的形式

首先，教师需要在活动过程中观察记录孩子的体验与探索，同时也要收集体现幼儿探索轨迹的不同素材，而多样化的呈现形式能让孩子有多感官的体验。下面是我们整理出的在我园活动室中较为常用的素材形式。

### （一）幼儿作品

幼儿的作品是我们在环境创设中最为常用的素材形式。自己作品的展示能让孩子在集体中萌发自豪感，体验展示的快乐；而在欣赏他人作品时，孩子也能从中发现学习借鉴的地方。

这里的"作品"并不仅仅是指幼儿的平面绘画作品，由于活动室的内容不同，幼儿作品的形式也多种多样，有的是立体手工作品，有的是表演作品，还有的是不易保存的美食作品，那么这时，可借助视频或照片将幼儿的作品进行记录与呈现。

### （二）过程记录

除了幼儿的作品，幼儿活动过程的素材同样可以呈现幼儿的探索轨迹，形式可以是照片或是视频。活动过程可以横向反映不同幼儿的不同表现，也可以纵向反映同一个（组）幼儿的发展。同时，对于幼儿而言，直观的图片或影像记录能帮助他们回忆过程，而幼儿也更能从中发现自己的问题。

### （三）幼儿表征

幼儿在每一次活动中的记录同样是其探索轨迹的一部分。有的孩子会通过绘画和录音笔结合的方式，记录活动时的过程以及活动后的感想；而有的孩子则能通过不同的表征方法，记录活动前的计划。

### （四）兴趣拓展

幼儿的探索轨迹并不仅仅发生在我园的"醇美教育"活动室中，还能通过幼儿的兴趣渗透在其一日活动或是家园合作中。由于活动室的时间有限，孩子有时并不能解决所有的问题，他们会主动将自己感兴趣的问题带回班级或是带回家，通过教师和爸爸妈妈的帮助，更深层次地了解活动室的文化，或是解决具体的问题。

有时，幼儿的探索轨迹可能是他们查阅到的纸质或电子资料。有的孩子还会和父母共同制作小报，体现活动室文化，这同样是幼儿探索轨迹的一种。

## 二、探索轨迹的板块

在呈现幼儿的探索轨迹时，我们需要对呈现的素材进行归类整理，形成不同的块面，从而帮助幼儿自然梳理学习经验。

### （一）作品展

呈现幼儿的作品，形成作品展，幼儿在作品分享中能体验自豪感，同时积累他人的经验。但需要注意的是,幼儿的作品并不应仅仅通过随意摆放的方式加以呈现,而应注意其作品的组合美感,从色彩、构图等方面加以思考,让幼儿的作品成为环境的一部分。

### (二) 问题墙

幼儿在探索过程中,必然会遇到各种各样的问题,而解决问题的方法和过程也同样能体现其探索轨迹。因此,可以通过"问题墙"呈现幼儿的探索轨迹,将幼儿的问题一一呈现,配以照片或录音,并用孩子的方式加以猜想和解答,这同样可以帮助幼儿自然梳理学习经验。

### (三) 幼儿生成的材料

幼儿在探索的过程中,有时并不仅仅满足于教师提供的材料,他们也会自发地生成一些材料,如在"舞动奇迹"活动室,幼儿自发创编了"孔雀开屏"的动作;在"灵音畅响"活动室中,幼儿将自己创编的节奏图谱记录下来。这些幼儿自发生成的材料,可以作为下一批孩子欣赏的素材。幼儿生成的材料作为其探索轨迹的一部分,同样也融入了教师的材料投放,在环境创设中起到了双重的作用。

## 三、探索轨迹的互动

在幼儿进行沉浸式探索的过程中,环境起到了重要的作用。但环境只是用来看的吗? 答案显然是不的。环境作为幼儿探索内容的一部分,其互动程度能有效影响幼儿的参与度。因此,在呈现幼儿探索轨迹的过程中,我们必须考虑其互动性。

幼儿与环境的互动主要分为展示性互动与操作性互动。

### (一) 展示性互动

展示性互动是一种常见的与环境互动的方法,但在我园运用的过程中,展示的方法并不仅仅只是"观赏",还融合了听觉、言语、知觉等多感官的运用。如,幼儿在自己的作品旁贴上自己对作品的讲解与介绍,在锻炼其语言能力的同时,其他孩子也能真切地看到作者的介绍。又如,孩子在自己制作的小报旁亲自介绍,其他孩子听得津津有味，因为这正是他们在上一次活动中感兴趣的内容。孩子通过分享交流的互动方式，和自己的探索轨迹进行展示性互动。

### （二）操作性互动

在操作性互动中，我们可以通过录音笔等工具使幼儿与探索轨迹互动起来。如，幼儿可以通过录音笔倾听他人的作品或感受，亦可以录入自己的想法供他人倾听，从而达到幼儿与环境互动的可操作性。在这样的方式下，幼儿的探索轨迹并不仅仅只供观赏，更能成为幼儿探索内容的一部分。

## 第三问：幼儿园活动室空间设计布局如何更利于幼儿进行探索？

幼儿园活动室，是幼儿日常生活游戏和学习的场所，对幼儿的发展起着重要的作用。要促进幼儿健康和谐地发展，就需要对幼儿园活动室进行合理的空间设计布局。"醇美"体验活动注重幼儿的自主体验，并在设计布局空间环境时将"探索"概念引入幼儿的活动空间设计之中。那么怎样的空间设计布局能更利于幼儿进行探索呢？我们可以遵循以下的原则和策略来设计布局。

## 一、关于"醇美"体验活动空间设计的原则

### （一）主体性原则

"醇美"体验活动的初衷是让幼儿在不同的活动室体验、探索不同的内容，在此过程中进行学习、交往与游戏。幼儿始终是活动空间的主体，他们的兴趣爱好、活动方式决定了空间设计的主题与方向。教师打造环境时必须以幼儿为主体，设计真正适合幼儿身心发展特点的理想空间。

### （二）安全性原则

在"醇美"体验活动空间设计中，安全性始终是活动空间设计的一个重要原则。幼儿天性活泼好动、好奇心强，用身体与周围环境、物体相接触是他们探索这个世界、认识周围环境的方式。由于幼儿年纪小，自我保护能力与生活能力都较差，幼儿园在空间设计布局方面要充分思考安全性，考虑包括显性和隐形的不安全因素，如要充分考

虑儿童的身体尺度范围,材料橱柜的摆放是否允许幼儿够得着拿得到,桌椅的四角是否圆润,摆放位置是否妨碍幼儿通行,等等。站在幼儿的视角来看空间布局,在保证安全的情况下进行空间设计。

### (三) 互动性原则

互动性原则是"醇美"体验活动空间设计布局中非常重要的一项原则,幼儿在活动空间中的探索性在很大程度上就是通过互动的方式来体现。包括:

**1. 人与环境之间的互动**

只有创设有利于幼儿最大限度地参与和投入的环境,才有可能使幼儿积极投入环境之中,并与之产生互动效应,除了教育环境,自然环境也是激发幼儿探索精神的因素,幼儿可以通过对环境的探索、与自然的互动,获得更好的探索体验。

**2. 人与人之间的互动**

人际互动交往过程能够更大程度地促进幼儿探索行为的发生。在活动空间设计中可以通过空间形态的组织、秩序的变化等,诱发幼儿的好奇心与兴趣,引发团队中产生互动讨论和探索行为。

### (四) 稳定性原则

我们在空间设计的过程中,经常会出现临时搭建环境或经常更换区域的情况,这样的环境缺乏稳定性,无法帮助幼儿建立可以长久玩下去的决心。因此,创设相对固定的活动区域有利于幼儿的持续探索行为的出现。如,在"醇美"体验活动时,幼儿对于各功能活动室已经形成了经验认识,了解了活动室内容性质,在活动中就会形成连续性的想法和计划。

## 二、关于"醇美"体验活动空间设计的策略

"醇美"体验活动中每个活动室的内容不一样,因此活动室的设计和布局也不一样,我们借助以下活动室的案例来说明。

### （一）巧妙隔断，动静结合

"灵音畅响"在西幼六楼舞蹈房，提供了一些不同的"鼓"，让幼儿通过探索设计不同的节奏图谱来尝试合作表演。在这个空间中，有的幼儿需要动起来体验敲鼓，有的幼儿需要安静地探索节奏。老师巧用隔断，让幼儿之间既互不干扰又动静结合。同样，在四楼大礼堂的"舞动奇迹"活动室中，也利用隔板屏风巧妙布局。

### （二）利用空间，内外延展

体验活动中还有一些内容适合在操场、平台开展，那么合理利用这些场地，根据场地特征进行设计，室内外联动，能更好地引发幼儿探索。如，室外操场上的"动感篮球"，操场上、跑道上的形状图案，运动器械的摆放，都能让幼儿方便地操作，从而更好地进行探索。同时，离操场最近的大厅教室可以作为内外延展的空间，既满足了幼儿对宽阔的运动场地的需要，又满足了幼儿安静分享交流的需求。

### （三）三维联动，浸润体验

"醇美"体验活动注重幼儿的浸润式体验探索，所以在空间布局上用三维立体空间来激发幼儿自主探索。如，"科常小达人"打造趣味光影环境，镜像覆盖地面、墙面和吊顶，幼儿被联动的 3D 空间环境吸引，不由自主地走进探索世界。"有趣的印章"中，墙面的象形文字直接引发幼儿"这些象形文字是什么意思"的猜测，桌面上的印章错落摆放，地面上可以直接体验敲印章的布置，这些空间之间的联动设计都能引发幼儿的探究欲望。

### （四）功能教室，发挥作用

在整体的空间设计布局中，应充分利用幼儿园的各种专用活动室，更好地为幼儿创设体验环境。我园的视听室、餐厅、阅览室、美工室等，结合本来的功用进行空间布局，方便又合理。如，五楼视听室和三楼小舞台进行了剧院场景式设计，与体验活动"童话剧""童谣"相得益彰；"西点屋""节气美食"在餐厅里，应景又合适。

### （五）过道走廊，亦是风景

幼儿园的环境中，一定会有很多的走廊、过道，利用好这些零散的环境，让材料和环境融为一体,校园的每一处皆是风景。"百变转盘"活动内容布置在过道上,将幼儿的转盘画制成各种艺术作品,错落有致地摆放成风景;"有趣的印章"提供的各种木质印章,配上蓝映花布、古风博古架,幼儿就会浸润在其中想要体验。

适宜的空间布局能有力地支持幼儿的探索行为,我们在设计空间布局的过程中,要关注艺术的美感:要求室内空间的色彩、灯光、布局相互协调。还要关注环境的安全,利于幼儿身心健康以及经验获得:将自然景物(泥、沙、水、植物)融在环境中,让我园的幼儿在"醇美环境"中快乐地体验、探索。

## 第四问:教师可以用哪些方式来创设艺术教育环境?

西幼以构建"生活体验式的幼儿审美教育"为园本课程宗旨,倡导"环境育人、美育育人"。环境作为课程不可或缺的一部分,要求幼儿园充分整合各种艺术元素,使幼儿园环境发挥内隐的、间接的艺术教育功能,成为艺术教育的隐性课程。我园开放了10个专用活动室,秉持"促进幼儿主动学习"的理念,使园所及活动室成为回归幼儿本源的儿童天地。教师可以通过以下方式来创设艺术教育环境。

### 一、创设丰富的物质环境,为幼儿提供无限的艺术创意空间

#### (一)创建充满艺术创意气息的园所大环境

"生活艺术化、艺术存在于生活中",艺术的真正价值在于与艺术的接触。为了让幼儿浸润在艺术的殿堂中,我们提倡"让艺术教育回归幼儿"。古朴典雅的园舍外貌与审美艺术教育课程的内在环境相得益彰,浓郁的传统文化气息围绕着孩子的一日生活,使每一位西幼的孩子驰骋在艺术的享受和创想中。

图 1　幼儿园的艺术创意空间

具有童话色彩的墙面色彩鲜艳；创造气息浓厚的"生活创想 DIY 天地"创意无限；长廊上的书画作品向孩子展示了传统文化的气息；"名画艺术长廊"中孩子可以近距离与大师面对面对话；"中国雅韵书画室"中翰墨飘香，剪纸、蜡染、服饰、青花瓷、泥塑、印章、扎染、刮画等营造了充满艺术气息和创造气息的生活空间，不同类型、不同风格的艺术作品以各自的特色吸引着幼儿的视线，使他们获得了美的感受与体验。

### (二) 打造具有层次性和艺术欣赏性的专用活动室

#### 1. 不同活动室中色彩的搭配和运用

在艺术环境创设中色彩的搭配起着重要的作用，有色彩和无色彩搭配，同种色搭配、类似色搭配、对比色搭配，都应遵循颜色的搭配原则，才能使活动室的每一面墙壁、每一个角落都富有生命力。我们通过对幼儿色彩偏好的调查发现，三原色及视觉效果特别艳丽的颜色并不是孩子的最爱，浅粉、浅绿、柠檬黄等清新、简单、柔和、明快的柔和色(纯色中加白)被幼儿选中的概率最高。因此，专用活动室的主色调适宜选用淡粉、浅绿、浅黄、淡蓝等幼儿感到柔和与舒适的色彩，而鲜艳的纯色与跳跃色适宜小面积装饰在环境中，营造出室内明亮、活泼的整体氛围。

#### 2. 运用多感官与艺术教育环境互动

富有审美情感的艺术环境包括视、听、奏、舞、画、做的教育环境。将艺术与各领域的活动融合，引导幼儿发现"科学中有美，语言中有韵味，数字就是音乐符号"等，为幼儿提供一个多感官交互的艺术环境，发展幼儿的多元智能。如，我们通过借鉴蒙特里安的格子画，将其大面积地布置在活动室的墙面上，刺激孩子的视觉感官，又用多媒体的动画让幼儿感受色块的黄金分割。"中国雅韵书画室"中,幼儿在悠扬的古筝音乐伴奏下,亲身体验各种中国传统手工艺活动;运用活动室中的点读笔,听听哥哥姐姐的活动经验,与他们进行"对话"。"趣味印章"中,幼儿观看象形文字演变的视频故事,合作用印章拼成一首首古诗,探索找象形字的方法,体验同伴合作带来的乐趣。"灵音畅响"中的军鼓、中国鼓和非洲鼓,让孩子在敲一敲、奏一奏的体验中感受不同音乐节奏和声音变化的艺术美。

**3. 投放丰富的、富有操作性的物质材料**

丰富的、多样性的物质材料是激发幼儿创造的基础,我们鼓励幼儿收集自己认为美的东西来布置环境,石头、贝壳、树枝、扣子、毛线、纸盘等随手可得的材料分类整齐地放在孩子能够看到和容易拿到的地方,让他们在活动中随时使用、尽情创造。如"生活创想 DIY 天地"中,幼儿尝试把小雨伞、鸡蛋托、小石头、各种瓶子等生活用品变成了一件件工艺品,利用各种工具涂鸦动手创作。

同时,教师在投放能够激发儿童艺术探索的材料和工具时,应遵循不同年龄的孩子的发展需求,具有层次性及包容性。如"泥工坊"中创设了彩泥区(适合小年龄的幼儿)及具有传统文化色彩的陶泥区(适合中、大班的幼儿)。每位幼儿在每个区域都可以有足够的时间与空间去深入对材料的了解,多途径深化对"泥"这一材料的了解与运用,并创作出属于自己的艺术体验成果。

在充满支持性的环境里才能够激发幼儿的创意潜能,因此,艺术教育环境的创设要求材料丰富、色彩和谐、构图美观,对幼儿起到美的引领作用。教师尽可能多地为幼儿提供展示作品的空间,让每位幼儿的作品都能得到别人的欣赏和肯定,激发幼儿进一步创造。

## 二、营造宽松的心理环境,让幼儿成为艺术环境的主人

通过宣传招募等一系列的活动,每一位西幼的孩子都爱上"快乐星期五",这离不开老师潜移默化地感染:每个活动室的老师不仅提供外在的环境影响,还给予幼儿宽松、舒适、快乐的心理暗示。

## （一）重新定位教师角色，相信尊重幼儿

教师深刻地认识到：教育不是要创造幼儿，而是要在幼儿已有的基础上，运用环境及外界的影响，发展幼儿的创造能力。所以艺术创意活动中只要幼儿通过丰富的欣赏、感知、体验，积累了一定的表象经验和审美经验，老师不教，幼儿的创意表现也会水到渠成；而在这一过程中，教师应该成为幼儿学习的点播者、支持者、引领者，一旦教师转变了角色，幼儿在积累了丰富的表象经验后，自主表现就变成了自发表达与创造。

## （二）把环境还给幼儿，让幼儿成为环境的主人

幼儿不是一张白纸，教师应该建立正确的"幼儿为本"课程思想，调动幼儿的已有经验，提供平台，引导他们在发现问题、解决问题的体验创造中不断积累经验、建构新知，成为环境的小主人。同时，提供充足的探索时间和空间，让幼儿的艺术体验和创意探究获得释放。

# 第五问：教师如何兼顾多个区域的观察与推进？

## 一、掌握观察策略，关注幼儿需求

### （一）明确观察内容

观察是伴随整个体验活动过程的，由于体验场馆面积大、区域多，所要观察的范围很大，教师需要兼顾点和面的观察，同时关注幼儿的个性和共性需求。

**1. 全面观察**

内容包括各活动区的人数，幼儿的活动状态，幼儿与材料、同伴的互动情况，突发事件等。

**2. 重点观察**

内容包括心中明确每个阶段不同区域内容的推进重点。如：明确这次体验活动重点观察的区域，材料（材料的适宜性、数量、种类、层次等），具体观察的幼儿（兴趣、性格、经验、情感能力），幼儿在活动中的具体表现（交往语言、解决问题能力、创造性表现）等。

## (二) 选择适宜的观察和记录方式

教师根据不同的观察目的采取不同的观察方式和记录方法。

### 1. 定点观察

教师在同一区域定点观察 5 分钟以上,记录进入同一区域的幼儿的行为,主要记录该区域幼儿合作和使用材料等情况,以此分析幼儿对该体验内容的兴趣、探索能力、创作表现能力等。

### 2. 定向观察

运用"定向跟踪观察"方式观察同一幼儿在同一区域或不同区域的综合发展,了解幼儿参与活动的自主性、创造性、专注性及兴趣等各方面的情况。

记录方式:利用摄像机定点拍摄本阶段观察区域,进行全程记录;利用"体验活动评价 App"及时用文字、视频或照片记录幼儿的片段表现等。

## (三) 梳理观察信息

体验活动中的观察不单单是收集信息,教师需要将信息及时梳理、分类,并初步进行分析,以便于进一步了解幼儿的发展现状。

### 1. 梳理幼儿基本信息,寻找共同特点

由于活动室幼儿来自不同班级,教师首先需要在活动中了解所有幼儿的基本情况(社会性发展、行为习惯、语言表达、解决问题等),找出这批幼儿的共性问题,提供相应的支持。

### 2. 定期整理获取的信息,了解个性发展

通过跟踪观察将幼儿有价值的行为表现、语言表达用文字、照片、录像等方式及时记录并定期分类整理(如社会性发展、语言发展、探究能力等),3—4 次活动后进行分析,便可成为了解幼儿发展的依据。

### 3. 及时梳理预设观察内容,支持后续发展

活动中,教师可以进行一些有目的的观察,以便高效地收集评价信息,包括分析材料特点、幼儿原有的经验、要采取何种教育策略引申到新经验等。针对观察到的幼儿的某种行为,教师要分析幼儿的行为原因,是材料的因素还是内容的安排,反思推进的策略。

## 二、遵循各区域活动脉络，适时点拨支持

### (一) 建立目标意识，推进幼儿发展

虽然体验活动的目标本就比较宽泛，但教师还要具备一定的目标意识，围绕活动室目标，分析挖掘各活动区域的功能，进行整体策划，并根据《上海市幼儿园办园质量评价指南》中"3—6岁儿童发展行为观察指引"分析幼儿的表现行为，进而逐步推进幼儿个性发展。

### (二) 师幼共玩，顺势推进活动

教师根据每次活动观察侧重区域的不同，有目的地进入不同区域，同时分配好各区域的观察时长，在此过程中，准确判断幼儿在活动中的行为价值和意义，抓准活动内容的生长点，以玩伴的身份融入幼儿活动的脉络当中，协助幼儿掌控和推动活动的进程。

① 多数幼儿对于某一活动参与度不高。教师分析原因，共同参与，给予一些活动建议、提示，或发布更具有挑战的任务；调整材料，丰富活动的游戏性和挑战性。

② 对活动有新想法或创意时，给予肯定和材料上的支持，并关注后续发展。

③ 当活动陷入困境、停滞不前时，和孩子开展讨论、分析原因，共同寻求解决问题的方法。

④ 在发现活动有了突破性进展或某个孩子有惊喜表现时，立即记录、拍摄，肯定其成果及表现，并鼓励其分享给同伴或进行展示。

### (三) 分区复盘，灵活推动各活动区

每个区有不同的幼儿、不同的活动内容和活动进程，除了集体式的回忆分享、交流、讨论和推进，可以根据各个区的实际情况在活动中灵活进行分区复盘，抓住有针对性的推进点。教师可以事先安排好重点关注的活动区，主要跟进那些新生发的或是遇到问题亟待解决的活动区，对于开展得比较成熟、平稳的活动区可由幼儿自主分享交流，教师有时间了再进入。在"醇美"体验活动中，教师应掌握有效观察策略，立足于眼前的幼儿，兼顾各活动区的发展现状，针对幼儿的行为表现、兴趣倾向等调整教育行

为,支持幼儿活动,体现体验活动促进幼儿发展的价值。

### 第六问:当幼儿遇到问题无法解决时,教师如何给予指导与支持?

在"醇美"体验活动中,西幼始终强调以幼儿为中心,但又不能忽视教师的指导作用。在与环境的交互作用中,幼儿是信息加工的主体,是知识意义的主动建构者;教师则是教学过程的组织者、指导者,教师只是对幼儿的意义建构过程起促进和帮助作用。那么当幼儿遇到问题无法解决时,教师该干什么呢?

观察是实施一切教育行为的基础。在活动中,我们先要通过观察分析幼儿产生问题背后的原因;然后再对症下药,对其进行个别指导或重点指导。以下通过三个不同的情况来具体阐述。

## 一、缺乏坚持性、自主性等学习品质

在体验活动中,幼儿可能刚开始对材料非常感兴趣,但是在经过一段时间把玩后,遇到了问题及困难,有的孩子会自己想办法去不断尝试并解决,而有的孩子缺乏坚持性和自主性,遇到困难便中途放弃。

**对策一:给予语言及情感上的支持**

这时,我们首先要给予语言及情感上的支持。对于幼儿已经成功的部分给予肯定,再通过鼓励激发幼儿进一步探索的欲望。比如:"你刚才创编的节奏很有创意,老师都没想到,那想想看还有什么呢?"

**对策二:以平行游戏者的身份参与活动**

除了提供语言上的支持,老师还可以用平行游戏者的身份一起参与活动。这样不仅能进一步观察幼儿,也能给幼儿起到无声的示范及参考作用。

## 二、同伴合作出现问题

在体验活动中,有许多幼儿共同合作的机会以及需要共同完成的内容,但在合作中会出现许多意见不统一、发生矛盾等问题。合作能力强的孩子能自己解决问题,而合作能力较弱的孩子可能因为遇到的问题而使活动进行不下去。

**对策一：参与讨论，鼓励幼儿自主解决问题**

当幼儿在合作中出现问题时，许多幼儿第一个想到的是告诉老师，那老师得知情况后是去当裁判员吗？答案是否定的。作为老师，我们可以一同参与他们的讨论，通过启发和引导帮助他们这个团队发现问题，共同寻找解决问题的方法。通过长期的观察，我们发现在合作中出现问题而无法解决的情况，往往是因为一个团队中没有出现一个讨论的组织者，这种情况下老师可以充当组织者。

**对策二：在旁观察，提供有效支持**

除了有声的支持，有时无声的支持更能体现老师的智慧。比如在"灵音畅响"活动室中，当孩子因为一个节奏顺序而产生矛盾时，老师不是充当"老娘舅"，而是给孩子去尝试的机会——在一旁巧妙地将音乐响起，孩子瞬间开始了进一步的尝试，学会根据音乐来判断并找到适合的演奏方式。这就是老师给予孩子的无声支持，但是这种支持一定是基于观察的。

## 三、受自身能力限制

在体验活动中，我们发现孩子的已有经验对于他们参与活动起到了至关重要的作用，有的孩子在某方面经验丰富，他参与活动的积极性以及体验感就会更强。而有的孩子对于自己选择的活动室充满兴趣但是缺乏已有经验，有时会显得无从下手、力不从心。

**对策一：调整材料的层次性**

当发现某些幼儿在操作中一直遇到问题且影响其积极性时，教师可能首先要思考：材料的投放是否对幼儿有较大的挑战，是否已经超出其最近发展区。如果是这个问题，老师可以适当地调整一下材料。比如在美术体验中，可以为动手能力较弱的孩子提供一些半成品，在材料上降低难度。

**对策二：呈现相关活动轨迹**

在体验活动中，孩子间互相的同伴学习是至关重要的。当孩子发现问题时，我们可以呈现一些之前同伴的作品及记录来帮助其从中获得经验，起到参考和学习作用。比如幼儿的作品，创编的节奏谱，活动中的记录以及视频等。

**对策三:搭建"脚手架"**

在每个活动室中,已有经验都是影响孩子活动非常重要的因素。因此,当幼儿出现问题时,我们需要为孩子搭建"脚手架",帮助孩子往上爬。比如在艺术体验中,孩子已有经验匮乏,在创编动作或节奏时出现困难,教师便可以通过自己的表演以及提供一些多媒体的视频和图片来给予孩子支持,让他们从中获得经验并继续创编。

## 第七问:如何引导幼儿开展自主评价?

在西幼"醇美"体验活动开展的过程中,"评价"是每一个活动室中都不可或缺的环节,那么,"评价"的开展是否就是以教师为评价者,幼儿为被评价者的呢?答案显然是否定的。幼儿作为活动的主体,其自然享有自主评价的权力,同时,开展幼儿间的自主评价,对于其思维、语言、社会等能力都具有积极促进的作用,那么,教师应如何引导幼儿开展自主评价呢?

### 一、幼儿自主评价的形式

#### (一) 自我评价

自我评价广泛用于活动中或活动后的分享交流环节,由幼儿展现其活动过程或成果,发展其自我关注、自我欣赏与自我辨析的能力。其中还可分为个体式评价与小组式评价,区别在于评价者的数量不同。小组式评价通过同伴间的相互总结、交流,能增加幼儿的评价热情,适用于多人合作的活动。

#### (二) 他人评价

他人评价是指评价者未参与到被评价者的活动中,仅以一个旁观者或观众的视角对他人进行评价,这样的评价形式往往更为客观,但教师需引导幼儿以"欣赏"的眼光看待他人的表现,而不是只看到别人不好的一面。

#### (三) 半自主评价

由于幼儿的年龄特点,3—6 岁的幼儿正处于自我意识的发展时期,其评价往往带有主观意识，不能客观地开展评价，这时教师的适时介入就显得格外重要。这种以幼儿为主、教师参与式的半自主评价，能有效降低评价的难度，帮助幼儿逐渐提升自主评价的能力。此方法多适用于年龄较小或能力较弱的幼儿，使评价过程更客观。

## 二、引发幼儿自主评价的策略

### （一）启发引导的语言

在幼儿尝试自主评价的初期，部分幼儿可能积极性不高，许多幼儿处于盲从的状态，自信心明显不足。教师可以通过启发引导的语言和提问，激发幼儿自主评价的动力。如，启发式提问："今天你玩了什么？""是怎么玩的？""你觉得自己玩得怎么样？"追踪式提问："你觉得自己成功了吗？""你用了什么好方法？""你觉得哪里遇到了困难？"拓展式提问："今天你玩的和上一次的一样吗？""有什么不一样？"通过逐渐深入的提问，引发幼儿自主评价的意识，从而使幼儿梳理自己的活动过程，迁移活动经验，激发自主评价的动力。

### （二）鼓励肯定的态度

西幼"醇美"体验活动是幼儿自主体验与探索的活动，在活动中，不同幼儿由于能力或学习习惯的差异，其思维也会呈现多元化。作为教师，应当充分理解和尊重幼儿的想法，鼓励幼儿发表不同的见解或感受，正如我们的教育理念"认同孩子眼中的美"一般，接纳孩子的不同观点，使幼儿的自主评价中在原有的水平上获得提高。

### （三）开放的"展现舞台"

当孩子已经有了一定的自主评价意识与方法后，一个能让孩子展现的评价机会对他们来说非常重要。因此，在每次活动中或是活动后，教师需要预留一部分的分享交流时间，让幼儿能开展自主评价，在这个开放性的舞台上，每位幼儿都可以将自己的经验与同伴分享，幼儿可以对自己的活动过程或成果进行评价，也可以对同伴的方法给予建议，甚至可以对教师参与活动的情况给予评价。

### 三、支持幼儿自主评价的方法

当幼儿逐渐能在小组内或是分享交流环节进行自主评价后，如果教师不提供一些后续的支持，那么幼儿的评价深度很有可能是停滞不前的，他们可能只会描述性地进行评价，抑或是其评价大多效果较差，并不能帮助幼儿在原有水平上进行提升。这时，教师需要提供一些后续的支持，帮助幼儿进一步进行有效的自主评价。

#### （一）运用记录本

在一些活动室中，教师会发现，幼儿有时难以清晰准确地反映自己的活动过程，这是由于幼儿缺乏一定的归纳能力，难以将自己活动过程中的关键要素进行描述，这时，教师可以运用活动室中的记录本来帮助幼儿进行自主评价。

由于活动室内容与年龄段的不同，记录本的内容也会有所不同。通过记录本的运用，幼儿能在自主评价中全面地反映自己的活动过程；教师可以教授一些简单的图标，如五角星、笑脸、问号等，帮助幼儿简易地记录自己的活动，同时便于同伴间的了解与评价。

#### （二）设立问题墙

除了运用幼儿的记录本帮助其开展自主评价外，教师还可以通过设立问题墙的方式，将幼儿在活动过程中遇到的问题进行展示，引发幼儿进行讨论、交流，从而达到评价的目的，使幼儿间的自主评价不仅仅停留在表面，而是可以真正解决问题，同时可以帮助幼儿学习有效处理问题的方法。

#### （三）多元的评价方法

在活动过程中，教师往往会通过语言描述的方法引导幼儿开展自主评价，但幼儿的思维具有直觉形象性，因此，可以通过让幼儿现场演示或图片视频再现的方法，帮助其他幼儿了解活动过程，从而更客观地开展评价。

同时，多元的评价方法也体现在评价的角度上。在幼儿开展评价的过程中，我们常常会听到一些较为刺耳的评价，如"你的作品都看不出是什么""你的颜色实在太难看了""你跳的舞怎么比别人慢得多"……这些看似不礼貌的评价背后，其实体现的是幼儿评价角度的单一。在开展评价时，教师可以更多地引导幼儿关注过程、品质、创造性等角度，而非仅仅关注技能或结果，相信孩子的自主评价也会更加多元与深入。

### 第八问：在体验活动中，如何支持不同发展水平的幼儿参与操作进程？

在"醇美"特色体验活动中，如何满足不同发展水平幼儿间的操作进程？这是老师通常要解决的一大难题。

## 一、当幼儿表现出对活动内容不感兴趣或者胆怯时

分析：

① 是否投放的材料结构过高，难以满足幼儿一物多玩的兴趣？

② 是否充分给予幼儿自主学习的条件，满足幼儿自主、自由地探索？

策略：

① 提供低结构、形式多样的材料。材料结构要低，形式可多样，便于儿童调动视觉、听觉、味觉、嗅觉、触觉五感，从多方位的角度去体验和感受材料，引发创意和想象。如"沪语童谣"就提供了大量的视频、音频、可视化的儿童创编符号、点读笔等，让儿童自主探索童谣。

② 创设宽松的心理氛围。可试探性地邀请幼儿参与游戏，如遇哭泣等抵制情绪，允许其旁观。教师应为幼儿提供宽松的心理氛围，允许其按照自己的步调，小步递进式地前进。

③ 幼师共同游戏，引发兴趣连接。教师参与其中的师幼共同体验环节，可以缩短幼儿对材料、环境的了解时间，同时激发幼儿对活动的兴趣，增加其对未知领域探索的好奇心。如"沪语童谣"中，教师与幼儿共同玩"金梭银梭"的游戏，边玩边说，既让幼儿第一时间体验到沪语游戏的魅力，又极大丰富了幼儿对沪语童谣的认识，激发其之后的自主探究欲，使其保持较长时间的探究兴趣，主动探索身边的各类资源。

## 二、当幼儿始终停留在对材料的摆弄时

分析 1：

是否仍旧处于对材料的熟悉阶段？

当幼儿刚接触新材料的时候，往往会有什么都想试一试的好奇心理。他们喜欢每个材料都摆弄一会儿，但很快就会被新的材料转移注意。

策略：

这时教师要给予幼儿充分的自主操作空间，允许其自由探究每个材料的属性、功能。

分析 2：

是否因技能、社会性等原因缺乏相关经验而无法深入活动？

体验活动中，当幼儿因自身原因，如缺乏音乐舞蹈技能、朗诵表达能力、绘画表征能力、讨论合作经验等时，往往会表现出对某一内容、材料的反复尝试，甚至停滞不前。这时就需要教师仔细观察幼儿的游戏行为，分析其可能欠缺的能力，而给予适宜的支持。

策略：

寻找"最近发展区"，给予适宜支持。

如幼儿在编舞时，缺乏对动作技能、队形结构的经验时，教师可投放相应的视频、图片资料供幼儿借鉴探究，或亲身引领示范等。

又如当幼儿缺乏讨论经验时，教师可参与讨论，亦可增加过程分享，通过榜样示范的力量，让儿童看到伙伴之间的商量、交往、轮流的方式，习得自主内化、解决问题的方法。

## 三、当幼儿的发展水平低于教师的预期水平时

分析：

判断发展需求是否源于"儿童的发展需要"？

我们往往用成人的眼光去评判儿童的发展，用成人的发展需要去转嫁"儿童的发

展需要"。这里首先一定要明确需求的来源：儿童为本位。

**策略：**

① 明确主体，尊重需求。这就要求教师在观察幼儿行为时，能够敏锐地感知儿童的"已有经验"和当下"发展需求"之间的距离。在两者之间，寻到可能发展的方向。

② 认同发展，正向反馈。儿童的每一次变化，每一次前进的步伐，都是螺旋式上升的。也正因为这些变化回旋往复、过于细小，我们往往容易忽视。所以认同儿童的发展，就要在每一次分享活动时，大大增加幼儿对自我认知的反馈，让幼儿从同伴的评价中、从自我欣赏中，获得自我认可的力量。

③ 动态调整，持续关注。当活动进行了一段时间后，教师要对投放的材料进行层次性的递增，以满足儿童对探究学习的新需求，并可设置一些展板，利用点读笔、音频、视频、生生互动的形式等，让幼儿自主寻找问题的解决办法。

# 第九问：记录什么？何时记录？怎么记录？

## 一、"What?"记录表征的内容

幼儿通常在活动记录中将自己的心理活动呈现出来，他们的表征行为也会不断地发展变化，与其年龄、自身特点有关。

### （一）幼儿在活动中会记录些什么内容

在自主展开讨论后，鼓励幼儿从以下角度发现与提出问题：

- 我做了什么？
- 我发现了什么？
- 有哪些开心的事情？
- 遇到了什么问题？

### （二）教师在活动中如何基于观察进行解读与引导

教师在细致分析后，梳理与总结：

① 当幼儿对自己做的事情有预先与事后的思考，或用绘画表征或用语言表达时：

续表

| 运动 | | 水平1 | 水平2 | 水平3 |
|---|---|---|---|---|
| | 运动调节 | 教师基本上不提醒幼儿穿脱、饮水、擦汗等 | 教师有时会提醒幼儿穿脱、饮水、擦汗等 | 教师根据天气变化、运动情况和个体需要,总是及时提醒幼儿穿脱衣服、饮水、擦汗等,做好防寒和防晒工作 |
| | | 教师不能及时处置运动中的安全异常情况和突发问题 | 教师能按计划组织实施,有时能及时处置运动中的异常情况和突发问题 | 教师总是能按计划组织实施,并及时处置运动中的异常情况和突发问题,注意对幼儿自我保护和规则意识的培养 |
| | | 教师在运动中不能根据幼儿的发展水平适时调节运动量(如,幼儿大量出汗,还是必须一起跑、跳) | 教师有时能在运动中根据幼儿的发展水平调节运动量,根据年龄特点安排个别锻炼和集体运动性游戏(如,鼓励坐着玩玩具的幼儿去骑自行车) | 教师总是能在运动中根据幼儿的脸色、出汗、心跳等情况及时调节内容和运动量,确保合理的强度、适当的密度(如,让累的幼儿在旁边休息,让跑步后的幼儿去拍球,鼓励肥胖幼儿增加运动量) |
| 幼儿表现 | 运动参与 | 幼儿很少主动参与运动 | 幼儿喜欢参加体育活动,在活动中能持续较长时间 | 幼儿喜欢参加体育活动,探索各种玩法,主动搭建和收放运动器具 |
| | | 幼儿遇到困难,容易放弃 | 在老师的鼓励下,幼儿愿意挑战运动中的困难 | 幼儿勇于尝试各种运动项目,遇到困难不放弃 |
| | 健康安全 | 幼儿在运动中缺乏自我保护意识 | 幼儿在运动中能够保护自己的头部 | 幼儿在运动中能全面、全方位地保护自己 |
| | | 攀爬大型器具时,幼儿经常做出危险动作,或与同伴推搡 | 运动时,幼儿有时能够主动躲避危险,知道运动中什么事情不能做 | 幼儿能够自律,能辨别是非对错,不做危险动作 |
| | | 幼儿在运动中出现意外,不会告知老师 | 幼儿出现运动意外(摔倒、出鼻血),及时告知老师 | 幼儿出现运动意外,及时告知老师,并有一定自护能力 |

表10 游戏板块

| 游戏 | | 水平1 | 水平2 | 水平3 |
|---|---|---|---|---|
| 环境创设 | 游戏区划分 | 教室、层面没有划分游戏区 | 教室、层面里有某些划分出的游戏区（如，建构区） | 教室、层面划分了不同的游戏区，兼顾各类游戏（结构游戏、表演游戏、角色游戏等） |
| | | 教师主观地给游戏区命名 | 教师和幼儿一起给游戏区命名 | 教师给幼儿充分自主权，幼儿根据兴趣热点，自主选择游戏开展的内容，自主讨论游戏区的名字 |
| | 游戏区空间布局 | 所有游戏区之间不方便走动 | 部分游戏区之间方便幼儿自由地进行走动 | 所有游戏区之间的位置都方便幼儿自由走动 |
| | | 大型家具、架子、隔断的高度阻碍了教师和幼儿观察其他的游戏区 | 有一些矮的家具、架子、隔断使得幼儿和教师能观察其他的游戏区 | 矮的家具、架子、隔断使得幼儿和教师能观察其他的游戏区 |
| | | 区角空间限制了游戏区内幼儿的人数 | 有一些游戏区有足够的空间允许幼儿同时进行活动 | 每个游戏区都有足够的空间允许幼儿同时活动（视内容而定） |
| | 材料标签 | 教室里活动材料的摆放杂乱无章 | 在一些游戏区内，相似的教室活动材料被摆放在一起（如，积木和纸张按颜色和尺寸归类） | 在所有的游戏区内，教室活动材料根据功能或种类分类摆放（如，用于固定的——胶带、订书机、回形针；用于建构的——各类积木） |
| | | 游戏区和活动材料没有标签 | 一些游戏区和活动材料有相应的标签 | 所有的游戏区和活动材料都贴有标签 |
| | | 没有或仅有一种标签 | 有多种可识别的标签，但幼儿无法理解 | 多种能够被幼儿理解的标签（如，描摹图、图片、照片、实物、几何图形等） |
| | | 材料超出了幼儿可拿取的范围，或是往往由教师拿出 | 允许幼儿自由拿取一些无危险的活动材料 | 允许幼儿拿取所有无危险的活动材料 |

| 游戏 | | 水平1 | 水平2 | 水平3 |
|---|---|---|---|---|
| 材料探索性 | | 大多数游戏区中的大部分活动材料结构化程度较高,只有单一的玩法 | 一些游戏区提供了一些开放式的活动材料(如,盒子、纸张、珠子、画笔) | 所有游戏区提供的大部分活动材料都是开放式的(如,积木、书本、沙、水、软木、娃娃、围巾、玩具车、画笔、贝壳),有分类百宝箱 |
| | | 教室内的任一游戏区都没有提供探索性材料 | 教室内部分游戏区提供了一些探索性材料 | 所有的游戏区能根据游戏进展和幼儿发展需要提供相适应的材料 |
| | | 材料中包含很多"仿真"玩具(如,在餐区有玩具盘子和杯子、小型塑料工具) | 材料中包含一些"仿真"玩具(如,玩具收银机、玩具扫帚) | 材料中有很多真实的物品作为玩具(如,狗食、消防靴、方向盘、园艺工具、手提箱、公文包、炊事用具、电话机) |
| | | 许多活动材料无法激发幼儿的感官(视觉、听觉、触觉、嗅觉、味觉) | 一些活动材料能激发幼儿的多种感官(如,毛绒玩具、乐器、橡皮泥) | 许多活动材料能激发幼儿的多种感官,包括自然和加工的材料(如,坚硬和柔软的物品材料、各种气味和口味的零食、木质的物品、织物、金属、纸张、液体) |
| 材料数量 | | 在某些或所有的游戏区内,活动材料的数量有限 | 在所有的游戏区内都有适度数量的活动材料 | 在所有的游戏区内都有充裕的活动材料 |
| | | 教室内没有多套(同样的)活动材料 | 一些活动材料有多套(同样的),使得多位幼儿能够同时玩到相同的材料 | 许多活动材料都有多套(同样的),使得多位幼儿能够同时玩到相同的材料 |
| 材料与经验 | | 活动材料不能够反映家庭和社区文化,或是体现幼儿的特别需要 | 活动材料反映了家庭和社区的文化,或者体现某些幼儿的特别需要 | 活动材料反映了家庭和社区的文化,并且体现出幼儿的特别需要,角色游戏主题能体现幼儿的当前生活和社会当前生活热点(如,家庭成员的照片、厨具、音乐磁带、工作服装和工具、眼镜) |

续表

| 游戏 | | 水平 1 | 水平 2 | 水平 3 |
|---|---|---|---|---|
| | | 材料普遍有着对文化和性别的刻板印象 | 一些活动材料突出了对文化和性别的刻板印象 | 活动材料描绘出广泛无刻板印象的角色模型和文化（如，绘本书籍中出现女性医生、男性做家务；将不同家务和职业的着装打扮展现给幼儿；工具和厨具均男女适用；故事、玩具、视频中有少数民族作为专业人士） |
| | | 活动材料仅反映了一种文化 | 一些多元文化的活动材料出现在教室中 | 多元文化的活动材料与整个教室融为一体（如，装扮区内有其他国家的日常和节日服饰，不同文化背景地区的食物，不同时代和地方的音乐、书籍和乐器，以及来自不同国家、媒介的与幼儿等高的艺术复制品） |
| 时间安排 | 游戏时间 | 一天中没有留出时间给幼儿进行自主活动 | 有时留出时间给幼儿进行自主活动（如，规定建构区只能待 4 名幼儿；一些区域有预设好的活动） | 总是留出时间给幼儿进行自主活动（1 小时以上） |
| 师幼互动 | 游戏预设 | 在游戏中，幼儿进行一些预设好的活动（如，教师在每一个区域摆放好材料让幼儿去玩，如积木、乐高玩具、蜡笔、纸、拼图以及图书） | 在游戏中，幼儿有时进行一些预设好的活动（如，幼儿要参加艺术区开展的艺术活动，幼儿必须要完成布置的手工作品） | 在游戏中，幼儿始终都可以按照自己的意愿开展活动（即幼儿可以选择区角、人员和材料；幼儿决定怎么玩；幼儿可以随便改变活动） |

| 游戏 | | 水平1 | 水平2 | 水平3 |
|---|---|---|---|---|
| 师幼互动 | | 游戏中,教师直接指导幼儿开展活动(如,要求所有的幼儿用先剪好的纸片来做纸花;要求所有的幼儿用相同的语言和动作给教师反馈) | 在游戏中,幼儿可以在一些问题上(如去哪里、怎样操作材料、如何开展活动等)做一些选择(如,幼儿可以决定如何操作教师事先为美术活动准备的图画用纸) | 在游戏中,幼儿始终都可以在相关问题上做各种选择(如,幼儿可以选择摆放在架子上的各种艺术材料来开展活动,幼儿可以随意把材料从一个区域拿到另外一个区域) |
| | 游戏参与 | 教师不参与幼儿的游戏 | 教师有时作为伙伴参与幼儿的游戏 | 教师总是作为伙伴参与幼儿的游戏 |
| | | 教师在幼儿游戏中从不作为伙伴 | 教师使用一些策略来加入幼儿的游戏(作为伙伴) | 教师使用许多策略来加入幼儿一日的游戏(作为伙伴)(如,在参与幼儿的游戏前后都仔细观察和倾听;让幼儿给自己安排角色;遵守幼儿制定的游戏规则;模仿幼儿) |
| | | 教师尝试去操控幼儿的游戏(如,用教师的意志去修改幼儿的游戏,告诉幼儿应该怎么玩、和谁玩) | 教师参与游戏之后很快给出自己的意见,或者给出幼儿游戏主题之外的建议 | 教师在幼儿的发展水平上给予支持,并且帮助幼儿丰富他们的游戏(如,融入他们的活动;为拓展他们的游戏提供建议;沿着幼儿活动的思路) |
| | 鼓励互动 | 教师不鼓励幼幼互动 | 教师有时会鼓励幼幼互动 | 教师总是以符合幼儿发展水平的方式来鼓励幼儿进行幼幼互动 |
| | | 教师不鼓励互动(如,教师叫幼儿做自己的事情;在吃饭和吃点心的时候,不要跟别的幼儿交谈;教师不给予幼儿互动的机会 | 教师有时会促进幼儿合作进行游戏(如,制定轮流或者分享的规则;告诉幼儿去合作或者交朋友) | 教师尽可能制造机会让幼儿可以相互产生互动;教师寻求并支持幼儿自发合作 |

续表

| 游戏 | | 水平 1 | 水平 2 | 水平 3 |
|---|---|---|---|---|
| 鼓励自主（角色、材料操作、解决问题） | | 教师为幼儿分配游戏角色，按照一定的游戏规则和流程开展游戏 | 教师有时鼓励幼儿自主选择游戏角色，全面指导如何进行游戏 | 教师鼓励幼儿自主选择游戏角色，自主进行游戏 |
| | | 教师阻止幼儿按照自己的方式来操作材料（如，"那些珠子是用来串的，不能作为食物用在娃娃家"） | 教师有时鼓励幼儿用个性化的方式自主使用各类材料 | 教师始终鼓励幼儿用个性化的方式自主使用各类材料 |
| | | 教师帮幼儿解决问题（如，布置游戏的环境，帮助保持一堆积木的平衡等） | 幼儿在解决问题时，有时会得到教师的支持（如，幼儿尝试解决问题，然后教师为幼儿提供了帮助） | 幼儿在解决问题时，总是会得到教师的支持（如，布告板上没有空间了，幼儿可以把图片挂在门上） |
| 鼓励的方式 | | 教师不直接使用表扬的话鼓励幼儿的成就 | 教师有时直接表扬幼儿的良好表现 | 教师直接表扬幼儿的成就（如"每位小朋友整理工作都做得很好！""我最喜欢小朋友们安安静静地坐着！"） |
| | | 教师不给幼儿任何奖品来作为奖励 | 教师有时会给幼儿代币、贴纸或其他奖品来作为奖励 | 教师始终会给幼儿代币、贴纸或其他奖品来作为奖励 |
| | | 教师不用鼓励来认可幼儿的想法和努力 | 教师有时会用鼓励来认可幼儿的想法和努力 | 教师总是用鼓励来认可幼儿的想法和努力（如，重复幼儿的想法，对幼儿正在做的事情提出建议，让幼儿自己评价自己的作品） |

续表

| 游戏 | | 水平1 | 水平2 | 水平3 |
|---|---|---|---|---|
| 解决矛盾 | | 教师批评或者惩罚发生矛盾的幼儿 | 教师向发生矛盾的幼儿强调礼貌和道德 | 教师实事求是地对待幼儿的矛盾情况 |
| | | 教师从不缓解矛盾的情况 | 教师有时会缓解矛盾的情况 | 在解决问题之前,教师会先进行矛盾情况的缓解(如,让幼儿冷静下来或停止伤害性的行为,响应幼儿的感受等) |
| | | 教师不了解具体情况就主观判断,或根本不去了解问题所在 | 教师在确定问题前,会与幼儿做一些确认(如"这是你从她那里抢来的吗?") | 教师会让幼儿一起来寻找问题所在(如,向幼儿搜集具体情况:"当时的情况是怎么样的","是什么让他们不开心");再次描述问题发生的过程等 |
| | | 教师为幼儿解决问题,不做任何解释 | 教师有时会主观决定该如何解决矛盾 | 教师会让幼儿一起来寻找、选择解决矛盾的方法(如,询问幼儿有什么好办法,鼓励双方共同选择一个办法);当幼儿开始解决矛盾时,给予跟进的支持 |
| 分享交流 | | 教师没有细致观察幼儿的游戏行为,分享交流流于形式 | 分享交流前教师观察幼儿的游戏行为,但没有发现有价值的行为,分享交流的内容比较浅显 | 分享交流前教师细致观察幼儿的游戏行为,敏锐地发现有价值的行为,把握分享的内容可能带给幼儿的发展机会 |
| | | 教师在分享交流时选点不明确,抓不住重点 | 教师在分享交流时选点比较明确,鼓励幼儿分享游戏中的快乐,交流游戏中幼儿自己的"创造",但选点比较局限 | 教师在分享交流时从多方面进行选点,鼓励幼儿分享游戏中的快乐,交流游戏中幼儿自己的"创造",探讨游戏中幼儿碰到的"问题" |

| 游戏 | | 水平 1 | 水平 2 | 水平 3 |
|---|---|---|---|---|
| | | 分享交流时教师没有促进幼儿间互动的意识，交流只局限于师生之间 | 分享交流时教师注重幼儿间的互动，有意识地引发大家积极参与交流，但是交流的内容没有引发幼儿的普遍兴趣 | 分享交流时教师注重幼儿间的互动，通过幼儿问、幼儿猜、幼儿答的形式引发大家的积极参与交流 |
| 幼儿表现 | 游戏参与 | 幼儿偶尔回应其他幼儿发起的互动 | 幼儿能够主动和小朋友一起玩，与他人交谈 | 幼儿能够使用礼貌用语商量分配角色，按角色的主要职责行动 |
| | | 幼儿在游戏时不理解或难以遵守规则 | 幼儿与同伴一起游戏时能遵守游戏规则 | 幼儿能够遵守游戏规则，恰当地评价同伴在游戏中的表现 |
| | | 幼儿很少发起与其他幼儿的互动 | 幼儿能够主动找其他幼儿玩 | 幼儿在游戏中乐意与同伴友好相处，知道谦让 |
| | 同伴互动 | 幼儿不愿意参与游戏 | 幼儿乐于参加游戏活动，在游戏中大胆说话 | 幼儿能够较清楚地描述发生的事情或看到的事 |
| | | 幼儿难以与同伴进行合作、游戏 | 幼儿愿意和同伴愉快合作，完成成人交给的任务 | 幼儿能够主动与同伴合作，解决过程中的矛盾 |
| | | 幼儿很少感知其他幼儿的情绪或需要 | 幼儿能够主动关心同伴，帮助同伴 | 幼儿能够赞美同伴，能说出同伴的优点，能为别人的成绩感到高兴 |
| | | 幼儿在游戏中难以表达自己的想法 | 和同伴游戏时幼儿能够表达自己的主意 | 同伴遇到困难幼儿能积极动脑筋，能够想办法给予帮助 |

表 11　学习板块

| 学习 | | 水平 1 | 水平 2 | 水平 3 |
|---|---|---|---|---|
| 集体教学活动 | 目标设定 | 目标不够清晰,不符合幼儿年龄段的特点 | 目标较清晰,基本符合幼儿的年龄特点 | 目标清晰准确,符合本年龄段幼儿的特点 |
| | | 没有合理处理好知识技能和情感态度的关系 | 能兼顾认知技能与情感态度 | 能合理处理知识技能与过程方法、情感态度的关系 |
| | 内容选择 | 活动的内容和主题脱离幼儿的经验,活动不具有挑战性或超越班级大多数幼儿的发展水平 | 活动的内容和主题与幼儿生活经验有一定关联 | 关注新旧经验的联系和本班幼儿的兴趣与需求,考虑班级不同层次的幼儿,具有挑战性 |
| | | 内容选择趣味性低,不符合幼儿年龄特点,难以引起幼儿的兴趣 | 内容选择有一定趣味性,较为符合幼儿年龄特点,部分幼儿表现出浓厚的兴趣并持续参与 | 内容选择趣味性高且有意义,符合幼儿年龄特点,能激发幼儿强烈的兴趣与探究愿望 |
| | 过程实施 | 不能紧扣目标,重点不突出,环节安排不够流畅 | 基本围绕目标,环节安排结构较完整,有一定的层次性 | 围绕活动目标,由易到难,突出重难点,环节层层相扣 |
| | | 教师没有引导幼儿以适宜其发展水平的方式提出想法、参与活动(如,所有的幼儿都被要求唱一样的歌,做同样的动作) | 幼儿有时能够在其自身发展水平上提出想法、参与活动(如,教师有时会让幼儿在传统的歌曲或活动中创新词汇或动作) | 幼儿始终能够在其自身发展水平上提出想法、参加活动(如,个别幼儿按照其自己的方式摆动身体,尝试不一样的想法,轮流做指挥) |
| | | 教师对幼儿的自主学习活动不进行支持或拓展 | 教师有时使用一些策略、提供资源和机会来支持或拓展幼儿的自主学习活动 | 教师使用多种策略、提供丰富的资源和机会来支持和拓展幼儿的自主学习活动(如,观察幼儿在做什么,在幼儿间走动,对幼儿正在做的和说的提出建议,模仿并丰富幼儿的动作,参与幼儿活动) |

185

| 学习 | 水平1 | 水平2 | 水平3 |
|------|-------|-------|-------|
| | 教师缺乏对不同能力层次幼儿的了解，活动不能顾及班级幼儿的个体差异 | 教师有意识地针对不同能力的幼儿实施活动，随机性尚欠缺 | 教师了解不同幼儿的学习状况，顾及个体差异，能进行及时调整 |
| 师幼互动 | 与幼儿互动频率较少，不能及时回应幼儿的回答和提出的问题 | 能进行师幼互动，但互动的方法较单一，引发生生互动不够 | 师幼互动面广，能推动幼儿的思考与交流 |
| | 教师所设计的问题与活动目标联系不紧密，也没有结合幼儿的自身经验 | 教师所设计的问题与活动目标相关，结合了大多数幼儿的自身经验 | 教师所设计的问题紧扣活动目标，保证所有幼儿均能获得与自身经验相符的问题，并做出回答 |
| | 教师没有捕捉到幼儿的疑惑、提问，大多是某一固定的问题类型，如"是什么？" | 教师捕捉到幼儿的疑惑、提问，根据活动内容多使用"是什么？""为什么？"进行提问 | 教师洞察并利用幼儿的疑惑、提问，根据活动内容合理安排"是什么？""为什么？""怎么样？"的问题比例 |
| 幼儿表现 | 幼儿兴趣较低，参与不积极 | 幼儿兴趣一般，参与较积极 | 幼儿兴趣浓厚，参与积极 |
| | 幼儿对在集体面前说话或表演感到很害羞，说话的声音很轻，他人难以听清 | 幼儿能在集体面前完整地表达自己的想法；幼儿对周围事物感兴趣，喜欢问"为什么？" | 在集体活动中，幼儿兴趣浓厚、积极参与，能大胆表达表现，有自主探索的愿望 |
| | 幼儿难以做到安静倾听、保持注意力集中，不能遵守规则，参与集体活动有困难 | 幼儿在集体活动中能保持良好的注意力，有较好的倾听习惯，能遵守集体规则，基本有独立思考的能力 | 幼儿有良好的学习习惯，能够认真倾听他人说话，能专注地完成一件事，肯动脑筋；幼儿在集体活动中懂得轮流等待，能与同伴商量着共同完成合作任务（中、大班） |

| 学习 | | 水平1 | 水平2 | 水平3 |
|---|---|---|---|---|
| **个别化学习** | 内容与价值 | 偏离主题学习中的关键经验,内容设计较随意 | 基本能体现幼儿生活经验和主题的核心经验,适合幼儿发展 | 能反映主题学习中的关键经验,尊重幼儿的年龄特点和已有经验 |
| | | 活动内容选择没有从幼儿的兴趣与需求出发,内容选择较随意 | 能覆盖本班幼儿的兴趣与需求,但缺乏挑战性 | 适合本班幼儿的兴趣与需求,并具有发展的挑战性 |
| | | 活动领域有偏颇,缺乏平衡性 | 在活动内容中,缺失某个领域 | 能关注活动领域的平衡 |
| | | 尚未考虑与其他活动的融合 | 能和四大板块中的某一板块融合 | 能体现与其他活动的融合 |
| | 材料与环境 | 数量不足,种类单一,幼儿没有自主选择的权利 | 数量满足部分幼儿,考虑种类的丰富性,幼儿有一定自主选择的机会 | 数量充足,种类丰富,能满足每个幼儿的自主选择 |
| | | 材料缺乏趣味性,只适合同一水平幼儿操作,功能单一,探究性不强 | 材料具有一定的趣味性、层次性、功能性,引发幼儿的自主探索尚显不足 | 材料具有高低结构性、自然性、情景性、层次性和多功能性,引发幼儿的自主操作与探究 |
| | | 忽略幼儿的年龄特点,材料提供较单一,缺乏环保意识,大多是高结构材料,不利于幼儿创造性表现 | 考虑幼儿的年龄特点,有高低结构的材料,材料与环境便于幼儿创造性地活动,反映生活经验尚显不足 | 能根据幼儿年龄特点选择活动内容,高低结构材料相融合;合理提供生活中的自然、废旧、半成品等环保材料,有利于幼儿创造性地反映生活经验 |
| | | 空间安排欠妥当,区域间有干扰,材料取放不方便,不便于幼儿自我管理 | 能考虑动静区域的互不干扰,空间安排较有序,幼儿能自由取放材料,但材料不易引发幼儿的自我管理意识 | 空间安排合理、有序、因地制宜,材料便于幼儿自由取放、自我管理 |

187

续表

| 学习 | | 水平1 | 水平2 | 水平3 |
|---|---|---|---|---|
| | | 教师阻止幼儿按照自己的方式来操作材料（如，"那些珠子是用来串的，不能作为食物用在娃娃家"） | 教师有时鼓励幼儿用个性化的方式操作材料 | 教师始终鼓励幼儿用个性化的方式来操作材料 |
| 观察与支持 | | 教师不善于观察幼儿的活动，不能关注个体差异 | 教师能观察全体幼儿的活动，但不够尊重、理解个体幼儿 | 教师能认真观察全体幼儿的活动，尊重、接纳个体差异，支持个性化的尝试与表现，而不是一定要将幼儿拉回教师预期的轨道中 |
| | | 教师不太关注幼儿的活动兴趣、经验需求，不善于引发幼儿与材料、同伴互动 | 教师能关注幼儿的活动兴趣、经验需求，但是引发幼儿与材料、同伴的有效互动有所欠缺 | 教师能确立观察重点，关注幼儿的活动兴趣、经验需求，以及与环境和同伴互动的过程 |
| | | 教师观察粗糙，没有站在幼儿的视角看待材料预设的合理性 | 教师仔细观察，尊重并理解幼儿对材料进行自我诠释的行为 | 教师仔细观察，尊重并理解幼儿对材料进行自我诠释的行为，并从中反思自己的预设 |
| | | 教师在活动过程中没有给予幼儿启发性支持 | 教师偶尔运用启发性的言行给予支持，相信幼儿通过帮助能获得发展 | 教师频繁运用启发性的言行给予支持，相信幼儿通过帮助能获得发展 |
| | | 教师不善于记录、分析幼儿，对幼儿所处的发展水平模糊，活动一成不变 | 教师会记录分析幼儿的活动状况，评价幼儿的发展水平，但能力较弱，未能跟上有效的调整策略 | 教师能经常记录分析幼儿的活动状况，做出合理的价值判断，善于综合评价幼儿的发展水平，能对幼儿的活动行为适时介入，并选择和运用合适的回应方法，及时进行活动调整 |
| | | 教师不善于捕捉活动中有意义、有价值的分享点，不能及时进行分享交流 | 教师能根据幼儿活动状况和需求组织交流分享，分享交流的有效性不够 | 教师能根据幼儿活动状况和需求组织交流分享，助推活动发展 |

| 学习 | | 水平 1 | 水平 2 | 水平 3 |
|---|---|---|---|---|
| 倾听对话 | | 教师不让幼儿进行重复的活动 | 教师有时允许幼儿选择重复一个活动 | 教师支持幼儿选择重复一个活动(如,不强行引导幼儿去进行其他的活动) |
| | | 教师主导或者随意打断与幼儿的交谈(如,训斥或考问幼儿,打断、强行说服幼儿,支配话题) | 教师有时会让幼儿主导谈话 | 教师分享与幼儿谈话的主导权(如,让幼儿发起谈话,轮流说话,耐心等待幼儿形成自己的想法) |
| | | 教师不观察、不倾听幼儿;幼儿被要求保持安静来听教师的指示 | 教师有时观察并倾听幼儿 | 教师始终观察、倾听幼儿(如,等幼儿先说,在幼儿示意说完前保持安静) |
| | | 教师问幼儿很多问题,尤其是封闭式问题或将问题引导至预设的答案(如"这个圈是什么颜色的?") | 教师的问题数量适中;问题包括封闭式和开放式 | 教师少量问一些问题;问题都是开放式的(是为了发现幼儿的想法和思考过程);问题与幼儿正在做的事直接相关 |
| | | 教师忽视幼儿的疑惑、疑问,话题机械,无法帮助幼儿拓展、提炼、归纳生活经验 | 教师捕捉幼儿的疑惑、提问,简单纳入话题中,提示、拓展、提炼、归纳生活经验 | 教师洞察幼儿的疑惑、提问,巧妙纳入话题;从话题出发帮助幼儿拓展、提炼、归纳生活经验 |
| 鼓励自主 | | 教师不鼓励幼儿自主计划或者不赞赏幼儿以符合其发展水平的方式介绍计划 | 教师有时鼓励幼儿以符合其发展水平的方式制定自己的计划 | 教师鼓励幼儿以符合其发展水平的方式制定自己的计划(如,允许幼儿直接指出或拿起他要的东西,直接走到选择的地点,用肢体、语言、画画等方式做计划) |
| | | 教师计划并指导每天的所有活动(如,教师告诉幼儿去哪里玩,玩什么材料,或者完成什么活动;会关闭某些区域) | 教师使用呆板或常规的策略来组织活动的计划(如,总是让幼儿讲述,或者教师记录) | 教师运用 2 种以上的策略来支持幼儿进行自主计划(如,使用道具、区域标识、音乐、唱歌;单独、两两或小组一起计划) |

| 学习 | | 水平1 | 水平2 | 水平3 |
|---|---|---|---|---|
| | | 规则制定明显且严备，没有留给幼儿自主调整的余地 | 规则制定较为宽松，幼儿可进行简单调整 | 规则控制隐性而灵活，方便幼儿更自主地活动 |
| | | 教师不鼓励幼儿的自主性 | 教师有时使用一些符合幼儿年龄特点的方法来鼓励幼儿的兴趣 | 在个别化学习中，教师始终鼓励幼儿的想法、建议和努力（如，倾听幼儿；鼓励幼儿谈论他们正在做的事情；尝试和模仿幼儿的想法；使用幼儿的语言；详细地评价幼儿的作品） |
| | | 教师主观决定幼儿应该学什么和做什么 | 教师有时会鼓励和支持幼儿的长处和兴趣 | 在个别化学习中，教师始终鼓励和支持幼儿的长处和兴趣 |
| 分享交流 | | 教师不清楚如何选择分享与交流的内容，没有在活动开展中发现幼儿的需要 | 教师多次根据教育的目标选择分享与交流的内容（如，在晾袜子的活动中从认知、动作和习惯方面开展分享与交流），但没有关注到幼儿当下的兴趣需求并灵活进行内容选择 | 教师根据幼儿当下的兴趣需求或教育的目的选择分享与交流的内容（如，当全体幼儿都已操作过，具备相同经验时，梳理经验方法；当重点、必备经验材料投放时，激发兴趣情感；当许多幼儿在游戏中碰到同类问题时，解决问题困惑；当幼儿出现个性化、特别有意义的行为时，提升学习品质） |
| | | 教师在进行分享与交流时没有导入的过程 | 教师机械地使用固定的几种分享与交流的导入方式 | 教师灵活运用多种分享与交流的导入方法（如，儿歌法、谜语法、游戏法、比较法、再现法、司仪法） |
| | | 教师完全不熟悉分享与交流的几种方式（如，蜻蜓点水式、设疑解惑式、适度留白式） | 教师机械地使用几种分享与交流方式（如，蜻蜓点水式、设疑解惑式、适度留白式），分享与交流流于形式，没有匹配幼儿当下的需要 | 教师灵活运用多种分享与交流方式，运用蜻蜓点水式引发幼儿兴趣，设疑解惑式梳理幼儿经验，适度留白式激励幼儿探索，在分享与交流中把握好度 |

续表

| 学习 | | 水平 1 | 水平 2 | 水平 3 |
|---|---|---|---|---|
| | | 教师的分享与交流时机不对,内容冗长没有重点,形式不生动、师生互动、生生互动频率低 | 教师在分享与交流时从当下活动中发现信息、及时回应,但没有聚焦重点目标,形式不够生动,没有激发幼儿兴趣 | 教师在分享与交流中能从当下活动中发现信息、及时回应、详略得当、形式生动,激发幼儿积极参与师生互动、生生互动,提升幼儿下一次活动的兴趣 |
| 幼儿表现 | | 活动中,幼儿不能静下心来专注地与材料互动,尚未养成良好的学习习惯 | 幼儿能选择自己感兴趣的活动内容,也能较安静地进行活动,活动的任务意识和自主规划能力不强 | 幼儿情绪稳定愉快,不大声喧哗,能有目的地选择感兴趣的活动内容,有良好的学习习惯 |
| | | 幼儿在活动中自主探索愿望不强,很少用自己的方式记录,自信心不足 | 幼儿喜欢操作,会用自己的方式记录,自主探索愿望不强烈 | 幼儿喜欢操作和探索,愿意用自己的方式记录和展示,为完成内容感到自豪 |
| | | 幼儿在活动中碰到困难就放弃,解决问题的能力较弱 | 幼儿能尝试克服、解决活动中碰到的困难与问题,但是解决的方法单一 | 幼儿能正确对待活动中遇到的困难和纠纷,并尝试用多种方法合理解决处理 |
| | | 幼儿与同伴分享交流较少,缺少想象与创造能力 | 幼儿愿意与同伴分享自己的新发现、新作品、新问题,创造性有所欠缺 | 幼儿愿意与同伴分享并表达自己的感受、体验、想象与创造 |
| | | 幼儿参与分享与交流的积极性不高,没有提出想法或疑问 | 幼儿较为积极地参与分享与交流,认真倾听,较少提出想法或疑问 | 幼儿积极参与分享与交流,认真倾听,敢于提出想法或疑问 |

表 12　体验活动板块

| 体验活动 | | 水平 1 | 水平 2 | 水平 3 |
|---|---|---|---|---|
| 生活体验 | 目标制定 | 不贴近幼儿的生活经验，没有体现对幼儿合作和自主探索能力的培养 | 比较贴合幼儿的生活经验，体现对幼儿合作和自主探索能力的培养 | 贴合并补充幼儿的生活经验，充分体现幼儿合作和自主探索能力的发展阶段性目标 |
| | | 目标不够清晰，没有合理处理好知识技能和情感态度的关系 | 目标较清晰，能兼顾知识技能与情感态度 | 目标清晰准确，能合理处理知识技能与过程方法、情感态度的关系 |
| | 环境创设 | 设施安全不卫生，环境创设不舒适，不利于使用 | 设施安全比较卫生，环境创设比较舒适，较利于使用 | 设施安全卫生，环境创设舒适，有利于使用 |
| | | 活动材料数量少、较为单一，不便于幼儿自主选择 | 活动材料数量比较充足、比较丰富 | 活动材料充足且丰富，便于幼儿自主选择 |
| | 过程实施 | 教师没有按照课程计划实施各环节，各环节的时间分配不合理 | 教师基本按照课程计划实施各环节，各环节的时间分配比较合理 | 教师按照课程计划实施各环节，合理分配各环节的时间 |
| | | 教师不鼓励幼幼互动，或策略呆板 | 教师有时会基于幼儿的反应，鼓励幼幼互动 | 教师总是以符合幼儿发展水平的方式来鼓励幼儿进行幼幼互动 |
| | | 教师让幼儿用相同的方式来操作材料（如，规定蔬菜色拉的制作流程和方法） | 教师有时鼓励幼儿以符合其发展的水平和进度来探索和操作材料，有时鼓励幼儿用个性化的方式操作材料 | 满足幼儿多样化的活动需求、促进幼儿个性发展，尊重幼儿自主选择、主动参与的积极性 |
| | 幼儿表现 | 幼儿被安排到指定活动内容，不能进行自主选择 | 由于活动人数、活动安排的限制，幼儿仅能自主选择少部分活动 | 幼儿能够在活动开始前自主选择活动内容、制定活动计划 |

| 体验活动 | | 水平 1 | 水平 2 | 水平 3 |
|---|---|---|---|---|
| | | 幼儿通过动作、语言等来表达不满或求助 | 幼儿尝试用 1 种方法解决困难(包括应对同伴冲突) | 幼儿尝试用 2 种或 2 种以上方法解决问题(包括应对同伴冲突)(如,幼儿发现苹果用手动榨汁机榨不出果汁,则尝试用不同的榨汁机) |
| | | 幼儿独自活动 | 幼儿与同伴共同参与活动,并会遵守或维护规则 | 幼儿与同伴进行活动,并能够制定规则 |
| | | 幼儿能够理解他人的问题或要求,并用动作或者单个词语回应 | 幼儿能够理解周边人谈话的内容,并提出一些评论或问题 | 幼儿能理解并加入他人正在进行的对话中,与他人维持三轮或更多的往复对话 |
| | | 幼儿说到正在发生的事、以前发生或将要发生的事,描述时较多使用具象的词语 | 幼儿能用 2 个及以上的词语描述人或事,开始表述抽象的概念 | 幼儿能够意识到他们还没有掌握的词语并向他人询问某一词语的含义 |
| | | 幼儿不能完成精细动作任务,只会使用少数厨房工具 | 幼儿能较好完成精细动作任务,会使用多数厨房工具,有时需要帮助(如,制作棉花糖时需要教师或同伴帮助) | 幼儿能很好地完成精细动作任务,能熟练使用所有厨房工具,动作标准 |
| | | 幼儿在大多数任务中半途而废,无法完成制作食物的完整流程(如包馄饨) | 幼儿在一半以上的任务中,坚持达成目标 | 幼儿面对每一个任务都能有始有终,直至完成,熟悉各种食物的制作流程 |
| 科常体验 | 目标制定 | 没有考虑幼儿的科常经验准备,没有体现对幼儿合作和自主探索能力的培养 | 考虑幼儿的科常经验准备,体现对幼儿合作和自主探索能力的培养 | 充分考虑幼儿的科常经验准备,充分体现幼儿合作和自主探索能力的发展阶段性目标 |
| | | 目标不够清晰,没有合理处理好科学领域知识技能和情感态度的关系 | 目标较清晰,能兼顾科学领域知识技能与情感态度 | 目标清晰准确,能合理处理科学领域知识技能与过程方法、情感态度的关系 |

193

| 体验活动 | 水平1 | 水平2 | 水平3 |
|---|---|---|---|
| 内容选择（环境创设） | 环境存在安全隐患，空间狭小，不利于幼儿开展探究 | 环境比较安全、空间比较充分，较利于幼儿开展探究 | 环境安全、空间充分，利于幼儿开展探究 |
| | 自然材料、低结构材料较少，提供的象征性材料不符合幼儿的年龄特点 | 自然材料、低结构材料较为丰富，提供的象征性材料比较符合幼儿的年龄特点 | 自然材料、低结构材料丰富，提供符合幼儿年龄特点的象征性材料 |
| | 环境与材料不可变，不能支持幼儿各种生成活动 | 环境与材料偶尔可变，一定程度上支持幼儿各种生成活动 | 环境与材料可变，能支持幼儿各种生成活动 |
| 过程实施 | 教师没有按照课程计划实施各环节，各环节的时间分配不合理 | 教师基本按照课程计划实施各环节，各环节的时间分配比较合理 | 教师按照课程计划实施各环节，合理分配各环节的时间 |
| | 教师不鼓励幼幼互动，或策略呆板 | 教师有时会基于幼儿的反应鼓励幼幼互动 | 教师总是以符合幼儿发展水平的方式来鼓励幼儿进行幼幼互动 |
| | 教师让幼儿用相同的方式来操作材料（如，规定拼版的拼接顺序） | 教师有时鼓励幼儿以符合其发展的水平和进度来探索和操作材料，有时鼓励幼儿用个性化的方式操作材料 | 教师满足幼儿多样化的活动需求，促进幼儿个性发展，尊重幼儿自主选择、主动参与的积极性 |
| 幼儿表现 | 幼儿被安排到指定活动内容，不能进行自主选择 | 由于活动人数、活动安排的限制，幼儿仅能自主选择少部分活动 | 幼儿能够在活动开始前自主选择活动内容、制定活动计划 |
| | 幼儿通过动作、语言等来表达不满或求助 | 幼儿尝试用1种方法解决困难（包括应对同伴冲突） | 幼儿尝试用2种或2种以上方法解决问题（包括应对同伴冲突）（如，能够通过成人的帮助或自主协商找到解决冲突的办法） |

续表

| 体验活动 | 水平1 | 水平2 | 水平3 |
|---|---|---|---|
| | 幼儿独自活动 | 幼儿与同伴共同参与活动,并会遵守或维护规则 | 幼儿与同伴进行活动,并能够制定规则 |
| | 幼儿说到正在发生的事、以前发生或将要发生的事,描述时较多使用具象的词语 | 幼儿能用2个及以上的词语描述人或事,开始表述抽象的概念 | 幼儿能够意识到他们还没有掌握的词语并向他人询问某一词语的含义 |
| | 幼儿能够识别一些常见的自然物品或现象,做出一些试图保护动物或植物的举动 | 幼儿可以感受到环境或事物的变化,并能指出可能的原因 | 幼儿能够将物体或者生物本身与它们在自然界的来源联系在一起,开始对生物的生长环境和习性感到好奇 |
| | 幼儿能够说出一些具有比较意义的词或者用一对反义词来描述两个物品 | 幼儿能同时比较3个及以上的物品间的不同 | 幼儿可以使用测量工具,并能够阐明测量结果 |
| | 幼儿在对话中使用数字,能够数5—10样物品 | 幼儿会正确数11个以上的物品,并知道最后报出的数字代表物品的总量 | 幼儿会数数,并可以对比两组数字的大小 |
| | 幼儿可以根据要求放置或移动物体 | 幼儿会使用方位词、方向词或距离词 | 幼儿能基本看懂简单地图,能使用方位词、方向词和距离词 |
| | 幼儿不熟悉物品属性和材质,无法完成操作 | 幼儿可以辨别出物品属性和材质,可根据物品性质进行选择,操作还不熟练 | 幼儿熟悉各种材料(如,木头、锯子),能熟练操作各种小工具 |
| | 幼儿参与积极性不高(如,不愿意探索光、声、电等自然物理现象);看着其他小朋友玩电脑游戏,自己很少尝试 | 幼儿参与积极性一般(如,探索光、声、电等自然物理现象),不积极提问;会操作电脑游戏,还不熟练 | 幼儿参与积极性高(如,积极探索光、声、电等自然物理现象),思考和解决可能的问题;会玩电脑游戏,且操作熟练 |

续表

| 体验活动 | | 水平 1 | 水平 2 | 水平 3 |
|---|---|---|---|---|
| 运动体验 | 目标制定 | 没有考虑幼儿的运动经验准备，没有体现对幼儿合作和自主探索能力的培养 | 考虑幼儿的运动经验准备，体现对幼儿合作和自主探索能力的培养 | 充分考虑幼儿的运动经验准备，充分体现幼儿合作和自主探索能力的发展阶段性目标 |
| | | 目标不够清晰，没有合理处理好知识技能和情感态度的关系 | 目标较清晰，能兼顾知识技能与情感态度 | 目标清晰准确，能合理处理知识技能与过程方法、情感态度的关系 |
| | 内容选择（环境创设） | 户外运动的设计没有考虑自然环境 | 教师利用一定自然条件进行户外运动的设计，体现了一定趣味性 | 教师能充分利用各种自然条件开展富有野趣的户外运动 |
| | | 环境、器材存在安全隐患 | 环境、器材安全，挑战性较低 | 环境、器材安全，具有挑战性 |
| | | 环境与材料不符合班级幼儿不同动作、不同能力的发展需要 | 环境与材料比较满足班级幼儿不同动作、不同能力的发展需要 | 环境与材料能满足班级幼儿不同动作、不同能力的发展需要 |
| | 过程实施 | 教师没有按照课程计划实施各环节，各环节的时间分配不合理 | 教师基本按照课程计划实施各环节，各环节的时间分配比较合理 | 教师按照课程计划实施各环节，合理分配各环节的时间 |
| | | 教师不鼓励幼幼互动，或策略呆板 | 教师有时会基于幼儿的反应，鼓励幼幼互动 | 教师总是以符合幼儿发展水平的方式来鼓励幼儿进行幼幼互动 |
| | | 过程中幼儿的自主选择机会极少（如，教师规定幼儿应该玩某一运动游戏） | 过程中幼儿的自主选择的机会较多（如，幼儿可以选择玩什么游戏，跟谁一起玩） | 过程中幼儿总能进行自主选择 |

| 体验活动 | | 水平 1 | 水平 2 | 水平 3 |
|---|---|---|---|---|
| 幼儿表现 | | 幼儿被安排到指定活动内容,不能进行自主选择 | 由于活动人数、活动安排的限制,幼儿仅能自主选择少部分活动 | 幼儿能够在活动开始前自主选择活动内容、制定活动计划 |
| | | 幼儿通过动作、语言等来表达不满或求助 | 幼儿尝试用 1 种方法解决困难(包括应对同伴冲突) | 幼儿尝试用 2 种或 2 种以上方法解决问题(包括应对同伴冲突)(如,想各种办法把"小动物"从模拟火场中营救出来) |
| | | 幼儿说到正在发生的事、以前发生或将要发生的事,描述时较多使用具象的词语 | 幼儿能用 2 个及以上的词语描述人或事,开始表述抽象的概念 | 幼儿能够意识到他们还没有掌握的词语并向他人询问某一词语的含义 |
| | | 幼儿通过非言语方式表达情绪 | 幼儿用简单的语句、绘画或者角色活动来表达情绪 | 幼儿能解释某种情绪出现的原因,且能够安抚其他幼儿 |
| | | 幼儿在情境游戏中运动兴趣较低 | 幼儿在情境游戏中运动兴趣一般 | 幼儿在情境游戏中表现出较高的运动兴趣 |
| | | 幼儿通过一连串的动作,力量和耐力没有明显增强 | 部分幼儿通过一连串的动作,力量和耐力有所增强 | 幼儿通过一连串的动作,力量和耐力等明显增强 |
| | | 幼儿在运动中缺乏合作意识 | 幼儿在运动中合作意识明显(如,尽量步调一致) | 幼儿在运动中合作能力凸显(如,已能做到步调一致) |
| | | 幼儿在运动中没有自我保护的意识,频繁发生碰撞 | 幼儿在运动中有自我保护的意识,尽量避免碰撞等发生 | 幼儿在运动中能够自我保护,无碰撞等行为发生 |

| 体验活动 | | 水平 1 | 水平 2 | 水平 3 |
|---|---|---|---|---|
| 艺术体验 | 目标制定 | 没有考虑幼儿的艺术经验准备,没有体现对幼儿合作和自主探索能力的培养 | 考虑幼儿的艺术经验准备,体现对幼儿合作和自主探索能力的培养 | 充分考虑幼儿的艺术经验准备,充分体现幼儿合作和自主探索能力的发展阶段性目标 |
| | | 目标不够清晰,没有合理处理好艺术领域知识技能和情感态度的关系 | 目标较清晰,能兼顾艺术领域知识技能与情感态度 | 目标清晰准确,能合理处理艺术领域知识技能与过程方法、情感态度的关系 |
| | 内容选择(环境创设) | 提供的艺术形式和作品种类较少 | 提供的艺术形式和作品种类比较多样 | 创设条件让幼儿接触多种艺术形式和作品 |
| | | 自然材料、低结构材料较少,提供的象征性材料不符合幼儿年龄特点 | 自然材料、低结构材料较为丰富,提供的象征性材料比较符合幼儿年龄特点 | 自然材料、低结构材料丰富,提供符合幼儿年龄特点的象征性材料 |
| | | 环境与材料不可变,不能支持幼儿生成各种活动 | 环境与材料偶尔可变,一定程度上支持幼儿生成各种活动 | 环境与材料可变,能支持幼儿生成各种活动 |
| | 过程实施 | 教师没有按照课程计划实施各环节,各环节的时间分配不合理 | 教师基本按照课程计划实施各环节,各环节的时间分配比较合理 | 教师按照课程计划实施各环节,合理分配各环节的时间 |
| | | 教师不鼓励幼幼互动,或策略呆板 | 教师有时会基于幼儿的反应,鼓励幼幼互动 | 教师总是以符合幼儿发展水平的方式来鼓励幼儿进行幼幼互动 |
| | | 教师让幼儿用相同的方式来操作材料(如,严格规定剪窗花的步骤) | 教师有时鼓励幼儿以符合其发展的水平和进度来探索和操作材料,有时鼓励幼儿用个性化的方式操作材料 | 教师满足幼儿多样化的活动需求,促进幼儿个性发展,尊重幼儿自主选择、主动参与的积极性 |

| 体验活动 | | 水平1 | 水平2 | 水平3 |
|---|---|---|---|---|
| 幼儿表现 | | 幼儿被安排到指定活动内容,不能进行自主选择 | 由于活动人数、活动安排的限制,幼儿仅能自主选择少部分活动 | 幼儿能够在活动开始前自主选择活动内容、制定活动计划 |
| | | 幼儿通过动作、语言等来表达不满或求助 | 幼儿尝试用1种方法解决困难(包括应对同伴冲突) | 幼儿尝试用2种或2种以上方法解决问题(包括应对同伴冲突)(如,能够通过成人的帮助或自主协商找到解决冲突的办法) |
| | | 幼儿独自活动 | 幼儿与同伴共同参与活动,并会遵守或维护规则 | 幼儿与同伴进行活动,能够制定规则,自主推进活动开展,分工合作(如,鼓号队) |
| | | 幼儿喜欢活动室中美的事物,喜欢观看多种多样的艺术形式和作品 | 幼儿能专心观看多种多样的艺术形式和作品,有模仿和参与的愿望 | 幼儿在欣赏多种多样的艺术形式和作品时伴随表情、动作和语言(如,在扎染时和同伴表达自己的想法) |
| | | 幼儿经常敲敲打打、涂涂画画并乐在其中 | 幼儿尝试进行艺术活动(如,尝试剪出某种形状的窗花) | 幼儿具有初步的艺术表现和创造能力(如,能够制作有创意的陶艺作品,包含细节的展现、色彩的搭配) |
| | | 幼儿能进行某几个活动室的艺术活动 | 幼儿能比较顺畅地进行多数活动室的艺术活动 | 幼儿能很好地进行各活动室的艺术活动 |
| | | 幼儿在活动中对艺术文化没有兴趣;看着其他幼儿表演,表现出兴趣,但不主动参与 | 幼儿在活动中对部分传统和现代艺术感兴趣,有所探索(如,边看美术作品边和其他人描述图画、色彩等) | 幼儿在活动中感受传统和现代艺术,对古诗、扎染、印章、插花等兴趣浓厚,表现突出(如,在梦幻剧场的表演中幼儿表现积极主动,且有一定创意) |
| | | 幼儿在合作中配合较少,作品不能反映小组成员的共同努力 | 幼儿在合作中分工不明确、配合时偶有矛盾,作品不佳 | 幼儿能共同合作完成某件作品(如,画卷、盆栽、街心花园等) |

# 后记

　　世界上最悲哀的事情,莫过于有眼睛却发现不了美,有耳朵却不会欣赏音乐,有心灵却无法理解什么是"真"。虹口区西街幼儿园在百年的园史发展中,不断深耕以审美教育为特色的课程构建,实现了共同性课程与特色课程整合的自主发展理念,走过了从生活体验式审美艺术课程到全景式"醇美教育"课程体系的发展道路。我们希望帮助孩子发现美、欣赏美、理解美、感受美、创造美。"让儿童生活在美的世界里"是我们的追求,也是我们的愿景。

　　感谢西街幼儿园全体教师在二十年的传承中不断创新,在艰难的求索道路上砥砺前行,因为你们的不懈探索,才有了西幼今日的成果。感谢西幼家长们一路以来的支持和理解,你们的热情参与让西幼"醇美教育"课程散发了更加多元的色彩。感谢西幼的所有孩子,你们用纯真与美好,带给了我们源源不断的欢乐与动力。特别感谢课题组成员:徐斐、肖佳慧、於煦楹、萧嘉懿、陈玲琳、王芳、孙一帆、徐竹筠、周旻骅、杨艳、颜正蕙、沈梦琦、钱春、杨婷婷等。我们是战斗在一线的幼教实践者,有着极其强大的探索勇气与毅力,有着极大的学习动力,我们在课题实践研究中,努力把握好研究路径,寻找理论依据与实践研究相结合,大家为本书贡献了许多智慧的结晶。

　　同时,感谢上海市教委教研室为参与第三轮课程领导力单位搭建相互交流的平台,让我们在研究中的逻辑性思维、前瞻性思考等深度学习的知识点更多更广;感谢专家老师们周洪飞、贺蓉、黄瑾、李建君、许䶮等亲自来园指导,感谢专家杨四耕老师在本书撰写过程中提供的宝贵意见和建议,让本书有了更多的理性思考。最后,感谢华东师范大学出版社编辑团队的辛勤付出,让我们有机会分享来自一线的声音。或许书中仍存在一些不足之处,但这都是我们一点一滴积累的实践成果,希望西幼全景式美育教育课程的探索经验能给大家带来一定的启发。

　　莫疑春归无觅处,静待花开会有时。每位孩子都是一朵花,教育能够为孩子提供足够长的花期,幼儿能从中吸收丰富的养分,迎来最终的绽放。幼儿教育一定要有耐心、恒心和爱心。西街幼儿园将在未来的全景式美育课程研究道路上继续探索，不断丰富"醇美教育"内容，走近幼儿，了解幼儿，让西幼每一位幼儿健康和谐地全面发展。

上海市虹口区西街幼儿园　陆敏

# "品质课程"阅读书目

## 📖 品质课程聚焦丛书

## 📖 特色学校聚焦丛书

| 快乐教育与内涵生长 | 978-7-5760-0517-2 | 46.00 | 2020 年 12 月 |
| 故事教育与儿童发展 | 978-7-5760-0671-1 | 39.00 | 2021 年 1 月 |
| 美好教育：学校内涵发展的循证研究 | 978-7-5760-0866-1 | 34.00 | 2021 年 3 月 |
| 把美好种进儿童心田 | 978-7-5760-0535-6 | 36.00 | 2021 年 3 月 |
| 倾听生命的天籁："天籁教育"的实践与探索 | 978-7-5760-1433-4 | 38.00 | 2021 年 9 月 |
| 为了每一个孩子的美好心愿 | 978-7-5760-1734-2 | 50.00 | 2021 年 9 月 |
| 向着优秀生长："模范教育"的理念与实践 | 978-7-5760-1827-1 | 36.00 | 2021 年 11 月 |
| 让个性自然发荣滋长："引发教育"的理论寻源与实践探索 | | | |
| | 978-7-5760-2600-9 | 38.00 | 2022 年 3 月 |
| 面向每一个生命的教育 | 978-7-5760-2623-8 | 44.00 | 2022 年 8 月 |
| 让每一个生命澄澈明亮："小水滴"课程的旨趣与创意 | | | |
| | 978-7-5760-2601-6 | 54.00 | 2022 年 8 月 |

## 📖 跨学科课程丛书

| 大情境课程：主题设计与创意评价 | 978-7-5760-0210-2 | 44.00 | 2020 年 5 月 |
| 社会参与素养的培育模型与干预机制 | 978-7-5760-0211-9 | 36.00 | 2020 年 5 月 |
| 大概念课程：幼儿园特色主题活动设计 | 978-7-5760-0656-8 | 52.00 | 2020 年 8 月 |
| 项目学习：进入学科的课程智慧 | 978-7-5760-0578-3 | 38.00 | 2021 年 4 月 |
| STEAM 课程的设计与实施 | 978-7-5760-1747-2 | 52.00 | 2021 年 10 月 |
| 幼儿个性化运动课程 | 978-7-5760-1825-7 | 56.00 | 2021 年 11 月 |
| 幼儿园特色课程的框架与实施 | 978-7-5760-2598-9 | 48.00 | 2022 年 3 月 |
| 像博士一样探究：PHD 课程的创意与探索 | 978-7-5760-3213-0 | 52.00 | 2023 年 2 月 |

## 📖 核心素养导向的课堂教学丛书

| 转识成智的课堂教学：核心素养导向的历史教学 | | | |
| | 978-7-5760-0164-8 | 40.00 | 2020 年 5 月 |
| 学导式教学：学会学习的教学范式 | 978-7-5760-0278-2 | 42.00 | 2020 年 7 月 |
| 高阶思维教学的关键技术 | 978-7-5760-0526-4 | 42.00 | 2021 年 1 月 |
| 会呼吸的语文课：有氧语文的旨趣与实践 | 978-7-5760-1312-2 | 42.00 | 2021 年 5 月 |
| 高阶思维教学的核心指向 | 978-7-5760-1518-8 | 38.00 | 2021 年 7 月 |
| 磁性课堂：劳动技术课就这样上 | 978-7-5760-1528-7 | 42.00 | 2021 年 7 月 |
| 核心素养导向的作业设计 | 978-7-5760-1609-3 | 40.00 | 2021 年 8 月 |

| | | | |
|---|---|---|---|
| 语文，让精神更明亮 | 978-7-5760-1510-2 | 42.00 | 2021 年 9 月 |
| "六会"教学法：基于核心素养的课堂教学 | 978-7-5760-1522-5 | 42.00 | 2021 年 9 月 |
| 深度教学的内在维度：数学反思性学习的六个策略 | | | |
| | 978-7-5760-2590-3 | 36.00 | 2022 年 3 月 |
| 具身学习的 18 种实践范式 | 978-7-5760-2591-0 | 38.00 | 2022 年 6 月 |
| 课堂是照亮彼此的地方 | 978-7-5760-2621-4 | 46.00 | 2022 年 7 月 |
| 以学习为中心的课堂范型 | 978-7-5760-2622-1 | 42.00 | 2022 年 8 月 |
| 简练语文：教学主张与实践智慧 | 978-7-5760-2681-8 | 56.00 | 2022 年 9 月 |

## 特色课程建设丛书

| | | | |
|---|---|---|---|
| 教师，生长的课程 | 978-7-5760-0609-4 | 34.00 | 2020 年 12 月 |
| 学校课程发展的实践范式 | 978-7-5760-0717-6 | 46.00 | 2020 年 12 月 |
| 丰富学习经历：如歌式课程的愿景与深度 | 978-7-5760-0785-5 | 42.00 | 2020 年 12 月 |
| 学科课程群设计方法 | 978-7-5760-0579-0 | 44.00 | 2021 年 3 月 |
| 学校美育课程的立体建构：菁华园课程的逻辑与框架 | | | |
| | 978-7-5760-0610-0 | 36.00 | 2021 年 3 月 |
| 关键学习素养与学科课程设计 | 978-7-5760-1208-8 | 34.00 | 2021 年 4 月 |
| 学校课程设计：愿景建构与深度实施 | 978-7-5760-1429-7 | 52.00 | 2021 年 4 月 |
| 生长性课程：看见儿童生长的力量 | 978-7-5760-1430-3 | 52.00 | 2021 年 4 月 |
| "慧阅读"课程：儿童视角 | 978-7-5760-1608-6 | 42.00 | 2021 年 6 月 |
| 幼儿园特色课程的框架与实施 | 978-7-5760-2598-9 | 48.00 | 2022 年 3 月 |
| 课程是鲜活的："大视野课程"的旨趣与活性 | 978-7-5760-2599-6 | 42.00 | 2022 年 7 月 |
| 指向核心素养培育的学校课程图谱 | 978-7-5760-2624-5 | 42.00 | 2022 年 7 月 |

## 课堂教学新样态丛书

| | | | |
|---|---|---|---|
| 课堂，与美最近的距离：基于学科核心素养的课堂教学变革 | | | |
| | 978-7-5675-7486-1 | 38.00 | 2022 年 4 月 |
| 协同教学：意蕴与智慧 | 978-7-5675-8163-0 | 48.00 | 2022 年 4 月 |
| 决胜课堂 28 招 | 978-7-5760-2625-2 | 52.00 | 2022 年 4 月 |
| 一百个孩子，一百个世界：基于差异的教学变革 | 978-7-5675-6754-2 | 42.00 | 2022 年 11 月 |
| 课堂如诗："雅美课堂"的姿态 | 978-7-5675-7219-5 | 42.00 | 2022 年 11 月 |
| 在教室里眺望世界：基于 BYOD 的教学方式变革 | 978-7-5675-8247-7 | 52.00 | 2022 年 11 月 |
| 课堂教学的资源设计与方式变革 | 978-7-5760-3620-6 | 52.00 | 2023 年 2 月 |